目次

古文

1 『発心集』 新潟大……2
2 『本朝美人鑑』 広島大……4
3 『今物語』 信州大……6
4 『大和物語』 熊本大……8
5 『大鏡』 筑波大……10
6 『曽我物語』 富山大……12
7 『建礼門院右京大夫集』 和歌山大……15
8 『讃岐典侍日記』 大阪府立大……17
9 『堤中納言物語』 千葉大……20
10 『源氏物語』 首都大学東京……22
11 『俊頼髄脳』 奈良女子大……24
12 『翁草』 お茶の水女子大……26

漢文

1 『右台仙館筆記』 埼玉大……28
2 『新語』 新潟大……30
3 『子不語』 千葉大……32
4 『聞奇録』 和歌山大……34
5 『明史』 広島大……38
6 『五雑組』 お茶の水女子大……42
7 『元氏長慶集』 筑波大……44
8 「和陶飲酒并叙」 岡山大……46

JN238896

1

次の文章を読んで、後の問いに答えよ。

中比《なかごろ》、片田舎に男ありけり。年来《としごろ》こころざし深くて相《あ》ひ具したりける妻、子を生みて後、重く煩《わづら》ひければ、夫添ひゐてあつかひけり。限りなりける時、A髪の暑げに乱れたりけるを、結《ゆ》ひ付けんとて、かたはらに文のありけるを、片端を引き破《や》りてなん結びたりける。

かくて、程なく息絶えにければ、泣く泣くとかくの沙汰などして、はかなく①雲烟《くもけぶり》となしつ。其《そ》の後、跡の事懇《わざねんご》ろにいとなむにつけて、なぐさむ方もなく恋しくわりなく、覚ゆる事尽きせず。「いかで今一度ありしながらの姿を見ん」と涙にむせびつつ明かし暮らす間に、ある時、夜いたう更けて、此《こ》の女寝所《ねどころ》へ来たりぬ。夢かと思へど、さすがに現《うつつ》なり。うれしさに、先《ま》づ涙こぼれて、「さても、命つきて生を隔てつるにはあらずや。Bいかにして来たり給へるぞ」と問ふ。「しかなり。うつつにてかやうに帰り来たる事は、ことわりもなく、ためしも聞かず。されど、今一度見まほしく覚えたるこころざしの深きによりて、ありがたき事をわりなくして来たれるなり」と語る。其の外の心の中、書きつくすべからず。枕をかはす事、ありし世に露かはらず。

暁起きて、出でさまに②物を落としたるけしきにて、寝所をここかしこさぐり求むれど、何《なに》とも思ひ分かず。明けはてて後、跡を見るに、元結《もとゆ》ひ一つ落ちたり。取りてこまかに見れば、限りなりし時、髪結ひたりし反故《ほんぐ》の破《や》れに露もかはらず。此の元結ひは、さながら焼きはふりて、きとあるべき故もなし。Cいとあやしく覚えて、ありし破《や》り残しの文のありけるに接《つ》ぎて見るに、いささかもたがはず其の破《や》れにてぞありける。

（『発心集』より）

問一　傍線部①「雲烟となしつ」と②「物を落としたる」について、それぞれの動作主体を文中の語で記せ。

問二　傍線部Ａ「髪の暑げに乱れたりけるを、結び付けんとて、かたはらに文のありけるを、片端を引き破りてなん結びたりける」を現代語に直せ。

問三　傍線部Ｂ「いかにして来たり給へるぞ」という問いに答えて、相手はどのように説明しているか。六十字以内で述べよ。

問四　傍線部Ｃ「いとあやしく覚えて」とあるが、どういう点が「あやし」なのか。四十字以内で説明せよ。

2

次の文章を読んで、後の問いに答えよ。

右近は、后《きさい》の宮に仕うまつりし官女なり。かたち人にすぐれ、心しめやかにして、和歌の道に名を得たり。そのころ、中納言なる人ありけるが、季綱《すゑつな》のもとに来たり。ものなど習ふとて、年久しく通ひけり。この中納言、もとより后の宮へも親しく参り慣れたるに、いつとなく右近を見そめ、心まどひて忘れがたく思ひければ、ある上仕へを語らひつつ、かかる由を言ひ入れたり。右近も、いかにと思ひまどひけれど、さすが否と言はむことも情け少なしと心弱く覚えければ、折々忍びつつ語らひけり。

かくて、たがひに慣れゆくまま、なほ捨てがたくあはれに言ひかはしけるが、世の中の人、心つねならぬ習ひなれば、また異かたに通ふ所いできて、いつしか右近がもとへはかれがれになりければ、詠《よ》みておくりける。

思はむと頼めし人はありと聞く言ひし言の葉いづち行きけむ

など、折々おどろかしければ、中納言もさすが引き放ちがたくて、ある夕暮れの艶《えん》なるに、まうで来たり給ひけり。右近は、似るものなく喜ばしくて、かつは語らひ、かつは恨みなど、言葉の数も重なりけり。

中納言も、はじめより深く言ひかはせしことなれば、今さら「神かけて忘れず」など、こまやかにことわり給へば、右近も顔の気色直りつつ、「さては憎さげなる所も侍らず」とて親しみけるが、つひには、中納言、はたと忘れ果てておとづれもせずなりにけり。

①忘らるる身をば思はず誓ひてし人の命の惜しくもあるかな

と詠みて、独り寝の枕、涙しきたへなり。

およそ世の中の習ひ、我を思はぬ人をば恨みつかはすこそつねのことなるに、この歌はひきかへて、②忘れられたる恨みはいささか言はず、その人、「神かけて変はるまじ」と誓ひつつ、今かく棄《す》て果つるには、その神の御とがめもありて命も失せなむこそかへっていとほしけれ、と言ひおくりける言葉、D まことに恋路の本意たるべしといへり。昔より恋の歌多く世に聞こえけれど、これらの言種《ことぐさ》は、ためしなう d やさしくも侍るとかや。

（『本朝《ほんちょう》美《び》人鑑《じんかがみ》』による）

注　季綱……右近の父親。　上仕へ……后の宮に仕える右近の同僚女房。
しきたへ……ここでは、涙が一面にこぼれ落ちているさま。

問一　傍線部a「情け」、b「頼めし」、c「おとづれ」、d「やさしく」について、それぞれ意味を記せ。

問二　傍線部ア・イ・ウの三つの動詞「語らふ」のうち、一つだけ他とは意味が異なるものがある。⑴その符号を記して、⑵意味の違いを簡潔に説明せよ。

問三　傍線部①「忘らるる」と傍線部②「忘れられ」を、それぞれ文法的に説明せよ。

問四　波線部「かかる由」の示す内容を二十五字以内で説明せよ（句読点を含む）。

問五　傍線部A「いつしか右近がもとへはかれがれになりければ」、傍線部B「折々おどろかしければ、中納言もさすが引き放ちがたくて」を、それぞれ現代語訳せよ。

問六　傍線部Cに「顔の気色直りつつ」とある。⑴この時、右近の心情はどのように変化したのか。⑵また、それはなぜか。それぞれ簡潔に説明せよ。

問七　傍線部Dに「まことに恋路の本意たるべし」とある。ここで言う「恋路の本意」とは、どのようなことか。本文に即して説明せよ。

3

次の文章を読んで、あとの問いに答えなさい。


伏見《ふしみ》中納言といひける人のもとへ、西行法師、行きて訪ねけるに、主は歩《あり》き違《たが》ひたるほどに、侍の出《い》でて、

「何事いふ法師ぞ。」

と言ふに、縁《えん》に尻かけて居たるを、Aけしかる法師の、かくしれがましきよと思ひたるけしきにて、侍ども、にらみおこせたるに、御簾《みす》の内に、箏《さう》の琴にて秋風楽を弾《ひ》きすましたるを聞きて、西行、この侍に、

「もの申さん。」

と言ひければ、B憎しとは思ひながら、立ち寄りて、

「何事ぞ。」

と言ふに、

「御簾の内へ申させ給へ。」

とて、

　Cことに身にしむ秋の風かな

と言ひ出でたりければ、憎き法師の言ひ事かなとて、かまちを張りてけり。西行、はふはふ帰りてけり。

後に、中納言の帰りたるに、

「Dかかるしれ者こそ候ひつれ。張り伏せ候ひぬ。」

と、かしこ顔に語りければ、E西行にてこそありつらめ。ふしぎのことなりとて、心憂《う》がられけり。

この侍をば、やがて追ひ出だしてけり。

（『今物語』より）

（注）歩き違ひたる――（出かけて）行き違いになる　　秋風楽――雅楽の曲名
かまちを張りてけり――頬を平手打ちした

問一　傍線部A「けしかる法師の、かくしれがましきよ」を現代語訳しなさい。

問二　傍線部B「憎し」とあるが、なぜこのように思っていたのか、簡潔に説明しなさい。

問三　傍線部C「ことに身にしむ秋の風かな」について、
(1)　用いられている和歌の修辞について、分かり易く説明しなさい。
(2)　修辞を活かして現代語訳しなさい。

問四　傍線部D「かかるしれ者」とは、誰のことか。最も適切なものを選択肢から選び、記号で答えなさい。
ア　（伏見）中納言　　イ　西行法師　　ウ　侍　　エ　箏の琴を弾く人

問五　傍線部E「西行にてこそありつらめ」を現代語訳しなさい。

問六　傍線部F「やがて追ひ出だしてけり」とあるが、中納言がこのような行動をとったのはなぜか、説明しなさい。

4

次の文章を読んで、後の問に答えよ。

帝※、おりゐたまひて、またの年の秋、御ぐしおろしたまひて、ところどころ山ぶみしたまひてアおこなひたまひけり。備前の掾《じょう》※にて、橘の良利といひける人、内裏《うち》に①おはしましける時、殿上に②さぶらひける、御ぐしおろしたまひければ、やがて御ともに、かしらおろしてけAり。人にも知られたまはで歩《あり》きたまうける御ともに、これなむおくれたてまつらでさぶらひける。

③「かかる御歩きしたまふ、いとあしきことなる」とて、内裏より、「少将、中将、これかれ、さぶらへ」とて奉れたまひけれど、たがひつつ歩きたまふ。和泉の国にいたりたまうて、日根《ひね》といふ所におはします夜あり。いと心ぼそうかすかにておはしますことを思ひつつ、いと悲しかりけり。

さて、「日根といふことを歌によめ」とおほせごとありければ、この良利大徳※、

イふるさとのたびねの夢に見えつるは恨みやすらむまたと問はねば

とありけるに、みな人泣きて、ウえよまずなりにけり。その名をなむ寛蓮大徳といひて、のちまでさぶらひける。

（『大和物語』による）

（注）帝—宇多天皇、寛平九年（八九七年）醍醐天皇に譲位した

掾—守、介につぐ三等官　大徳—徳の高い僧

問一　傍線部①、②の行為の主体は誰か、文中の語を用いて答えよ。

問二　傍線部ア、ウを現代語訳せよ。

問三　1　傍線部③は誰の言葉か。

2　またなぜそのような発言をしたのか説明せよ。

問四　傍線部Aの「て」と同じ助動詞を文中より抜き出し、それぞれの活用形の名称を答えよ。

問五　傍線部イの和歌について、「恨みやすらむ」と歌の作者が推測した、(1)きっかけ、および(2)理由をそれぞれ説明せよ。

5

次の文章を読んで、後の問に答えよ。

さてまた、注①朱雀院《すざくゐん》も優《いう》におはしますとこそは言はれさせたまひしかども、将門《まさかど》が乱など出できて、怖《おそ》れ過ごさせおはしましほどに、やがて代はらせたまひにしぞかし。そのほどのことこそ、いとあやしうはべりけれ。

母后の御もとに行幸せさせたまへりしを、(1)「かかる御有様の思ふやうにめでたくうれしきこと」など奏せさせたまひて、「今は、注②東宮《とうぐう》ぞかくて見聞こえまほしき」と申させたまひけるを、(2)心もとなく急ぎ思し召しけることにこそありけれとて、ほどもなく譲り聞こえさせたまひけるに、后の宮は、「さも思ひても申さざりしことを。ただゆく末のことをこそ思ひしか」とて、(3)いみじう嘆かせたまひけり。

さて、おりさせたまひて後、人々の嘆きけるを御覧じて、院より后の宮に聞こえさせたまへりし、国譲りの日、

[A]日のひかり出でそふ今日のしぐるるはいづれの方の山辺《やまべ》なるらむ

后の宮の御返し、

[B]白雲のおりゐる方やしぐるらむ同じ御山《みやま》のゆかりながらに

などぞ聞こえはべりし。

（『大鏡』による）

〈注〉① 朱雀院＝朱雀天皇（在位九三〇―九四六）。母は醍醐天皇の皇后、藤原穏子。

② 東宮＝成明親王。後の村上天皇（在位九四六―九六七）。朱雀天皇の同母弟。

問一　傍線部分（1）「かかる御有様の思ふやうにめでたくうれしきこと」について、

ア　だれの発言か、文中の語で答えよ。

イ　「かかる御有様」とは、だれのどのような様子を言うのか、説明せよ。

問二　傍線部分（2）「心もとなく急ぎ思し召しけることにこそありけれ」を、省略されている語句を補って現代語に訳せ。

問三　傍線部分（3）「いみじう嘆かせたまひけり」とあるが、后の宮はどうして嘆いたのか、説明せよ。

問四　AとBの歌について、

ア　A「日のひかり出でそふ」、B「白雲のおりゐる」は、それぞれどのようなことをたとえたものか、答えよ。

イ　A・Bともに「しぐる」という語があるが、これはどのような様子のたとえとして使われているか、説明せよ。

6

次の文章は『曽我《そが》物語』の一節で、一萬と箱王が源頼朝の命令により死刑に処せられそうになって、すんでのところで処刑中止になった場面です。これを読んで後の問いに答えなさい。

ややありて、景季来たり、「時こそうつり候《さうら》へ」と言ひければ、祐信《すけのぶ》、かれらを出で立たせ、由比浜《ゆひのはま》へぞ出でける。①今に始めぬ鎌倉中のことことしさは、「かれらが切らるる、見む」とて、門前市をなす。源太が屋形も、浜のおもて程遠からで、行く程に、羊の歩みなほ近く、命も際に成りにけり。既に敷皮うち敷きて、二人の者ども、なほりにけり。今朝までは、「さりとも、源太や申し助けむ」と頼みし心も尽き果て、かれらに向かひ、申しけるは、「母が方に、思ひ置くことやある」と問ふ。「ただ、何事も御心得候ひて、仰せられ候へ。但し、『最期は、御教へ候ひし如く、思ひ切りて、未練にも候はざりし』とばかり、御語り候へ」「箱王《はこわう》は、いかに」と問へば、「同じ御心なり。②今一度《ひとたび》見たてまつて」と③言ひもあへず、涙に咽《むせ》び、深く嘆く色見えけり。一萬《いちまん》、これを見て、「仰せられしをや。祖父《おほぢ》の孫ぞと思ひ出だして、思ひ切るべし。かまへて、母や乳母がこと、思ひ出だすべからず。④さやうなれば、未練の心出で来るぞ。『ただ一筋に思ひ切れ』と教へ給ひしこと、忘れ給ふかや。人もこそ見れ」といさめければ、箱王、この言葉にや恥ぢけむ、顔押し拭《のご》ひ、あざ笑ひ、涙を人に見せざりけり。貴賤《きせん》、惜しまぬ者はなかりけり。曽我太郎も、この色を見て、今は心安くて、敷皮に居《ゐ》かかり、鬢《びん》の塵うち払ひ、心静かに介錯し、「いかに汝ら、よくよく聞け。始めたることにはあらねども、弓矢の家に生まるる者は、命よりも名をば惜しむものぞとよ。『竜門原上《りようもんげんじやう》の骨をば埋《うづ》めども、名をば雲井に残せ』と言ふ言葉、かねて聞き置きぬらむ。最期見苦しくは見えねども、心を乱さで、目をふさぎ、たなごころを合はせ、『弥陀如来、我らを助け給へ』と祈念せよ」。一萬、聞きて、「いかに祈り候ふとも、助かる命にても候はぬものを」と言ひければ、「その助けにてはなし。別《べち》の助けぞとよ。御分《ぶん》の父、一所に迎へ取り給ふべき誓願の助けぞとよ。頼み［⑤］」

と言ひければ、「申すにや及ぶ。故郷を出でしより、思ひ定むる事なれば、何に心を残す ⑥ 。父に会ひ奉らむたのみこそ、嬉しく ⑦ 」とて、西に向かひ、おのおの小さき手をささげて、「南無《なむ》」と高らかに聞こえければ、堀彌太《ほりのやた》郎《らう》、太刀抜き、引きそばめ、二人が後ろに近づきて、「兄を先づ切らむは順次《じゆんし》なり、しかれども、弟《おとと》見て、驚きなむも無慙なり。⑧弟を切るは、逆なり」と思ひ煩ひ、立ちたりしを、祐信、思ひに耐へかねて、走り寄り、取り付き、「しかるべくは、打物をそれがしに預けられ候へ。我らが手にかけて、後生をとぶらはむ」と申しければ、「御はからひ」とて、太刀を取らせけり。祐信取りて、先づ一萬を切らむとて、太刀差し上げ見れば、折節、朝日かかやきて、白くきよげなる首の骨に、太刀影《かげ》のうつりて見えければ、左右《さう》なく切るべき所も見えざりけり。祐信、たけき武士《もののふ》と申せども、打物を捨ててくどきけるは、「なかなか思ひ切りて、曽我にとどまるべかりしものを、これまで来たりて、憂き目を見ることの口惜しさよ。しかるべくは、先づそれがしを切りて後に、彼らを害し給へ」と嘆きければ、⑨見物の貴賤、「ことわりかな。幼少より育ててあはれみ給へば、さぞ、不便《ふびん》なるらむ」ととぶらはぬ者はなかりけり。

系図（△はその人物が故人であることを示す。カッコ内はその人物の呼び名）

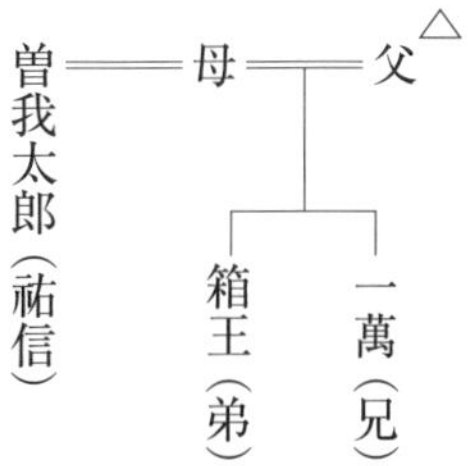

注○源太——景季のこと。
○羊の歩み——屠所《としよ》にひかれる羊の歩み。死に近づくことのたとえ。
○竜門原上の骨をば埋めども、名をば雲井に残せ——『和漢朗詠集』にある詩句「竜門原上の土 骨を埋めて名を埋めず」(大意は、骨は竜門山上の土に埋《う》められているが、名前は埋《うず》もれずに永く残る)を踏まえた表現。死後に名声を残せ、の意。

問一 傍線①はどのような様子を述べたものなのか、説明しなさい。

問二 傍線②の中の「見たてまつて」(「見たてまつりて」と意味的には同じ)の目的語を書きなさい。

問三 傍線③⑨を口語訳しなさい。

問四 傍線④を、「さやうなれば」の内容を明らかにしつつ、口語訳しなさい。

問五 空欄⑤、⑦には、動詞(補助動詞)の「候ふ」を、空欄⑥には助動詞の「べし」を、それぞれにつき適切な形に活用させて、入れなさい。(解答欄は⑤、⑥、⑦の順番に作ってあります)

問六 傍線⑧はどのようなことですか、説明しなさい。

問七 『曽我物語』と同じジャンルに属する作品を次の中から二つ選び、記号で答えなさい。
ア 『日本霊異記』 イ 『増鏡』 ウ 『平家物語』 エ 『栄花物語』 オ 『太平記』
カ 『宇治拾遺物語』 キ 『とはずがたり』

7

次は源平騒乱の時代、平家嫡流の若き公達である平資盛《すけもり》を恋人に持ったある女性の私家集の一節である。読んで後の問に答えよ。なお、設問の関係で一部改めたところがある。

資盛ら平家一門は都を落ち、遠く西海で再起をはかるが、戦況ははかばかしくない。身分違いの恋だけに、作者は表に出さないように資盛の無事を祈る。しかし、耳に入るのは悪い知らせばかりで、絶望的な気持ちはいよいよつのる。

〈Ⅰ〉

（注1）恐ろしきもののふども、いくらも下る。なにかと聞けば、いかなる事をいつ聞かんと、悲しく心憂く、泣く泣く寝たる夢に、つねに見しまゝの直衣姿にて、風のおびたゞしく吹く所に、いと物思はしげにうちながめてあると見て、騒ぐ心に、覚めたる心ち、言ふべきかたなし。たゞ今も、げにさてもやあるらむと思ひやら（①）て、

　波風の荒き騒ぎにたゞよひて　（注2）さこそはやすき空なかるら（②）

あまり騒ぎし心ちのなごりにや、しばし身もぬるみて、心ちもわびしければ、さらばなくなりなばやとおぼゆ。

　ア <u>憂きうへのなほ憂きことを聞かぬさきに　この世の外になりもしなばや</u>

と思へど、さもなきつれなさ心憂し。

　あらるべき心ちもせぬになほ消えで　今日までふるぞ悲しかりける

〈Ⅱ〉

（注3）かへるとしの春、ゆかりある人の物参りすとて誘ひしかば、なに事も物憂けれど、尊きかたのことなれば、思ひを起こして参りぬ。かへさに梅の花なべてならずおもしろき所ありとて、人のたち入りしかば、具せられて行きたるに、まことに世の常ならぬ花のけしきなり。その所のあるじなる聖の、人に物いふを聞けば、「年々この花を（注4）しめ結ひて恋ひ

たまひし人なくて、今年はいたづらに咲き散りはべる、あはれに」と言ふを、誰ぞと問ふめれば、その人としも確かなる名を言ふに、かき乱れ悲しき心のうちに、

思ふこと心のまゝに語らはむ　なれける人を花もしのばば

(注1)　恐ろしきもののふども、いくらも下る―平家追討の命を受けた源氏の軍が西国に下向する。

(注2)　身もぬるみて―熱が出ること。

(注3)　かへるとし―翌年。寿永三年のことで、この年の二月、一の谷の合戦で平家が敗北し、滅亡が決定的になる。

(注4)　しめ結ひ―他人が入らないようにしるしをつけること。

問一　この作品は「〇〇〇〇右京大夫集」である。〇に作者が仕えた平家ゆかりの人の呼び名を漢字四文字で書け。

問二　①・②には助動詞、または、助動詞の一部が入る。平仮名一文字を入れるとともに、なぜそれが入るのか、文法的に説明せよ。

問三　〈Ⅰ〉で作者はどのような夢をみたのか。現代語で説明せよ。

問四　傍線部アにある二つの「憂き」の具体的内容を示しつつ、和歌を現代語訳せよ。

問五　傍線部イ「その人としも確かなる名」は資盛のことと考えられるが、これについて次の問に答えよ。

①　〈Ⅱ〉の文章中、傍線部を除き、資盛を表す部分を二箇所抜き出せ。

②　この表現にこめられた作者の驚きを説明せよ。

8

次にあげるのは『讃岐典侍日記』の一節である。この文章を読んで、後の問いに答えよ。

筆者藤原長子は堀河天皇（一〇八六～一一〇七年在位）に出仕し、嘉承二年（一一〇七）七月十九日に天皇が亡くなるまで約八年、献身的に仕えた。それから三か月ほどたったある日、自宅で亡き堀河天皇の喪に服す筆者に手紙が届く。いまの天皇は堀河天皇の皇子で五歳の鳥羽天皇（一一〇七～一一二三年在位）であるが、実権は堀河天皇の父白河上皇が握り、手紙は鳥羽天皇への出仕をうながす白河上皇の意向を伝えるものであった。

かくいふほどに、十月になりぬ。「*弁の三位殿より御文」といへば、取り入れて見れば、「年ごろ、宮仕へせさせたまふ(A)御心のありがたさなど、よく聞きおかせたまひ(B)たりしかばにや、*院よりこそ、この内にさやうなる人の*大切《たいせち》なり、*登《とう》時《じ》参るべきよし、おほせごとあれば、さる心地せさせたまへ(C)」とある、見るにぞ、あさましく、1ひがめかと思ふまであきれられける。*おはしましし折《をり》より、かくは聞こえしかど、いかにも御いらへのなかりしには、さらでもとおぼしめすにや、それを、いつしか①と言ひ顔に参らんこと、あさましき。*周防の内侍、*後冷泉院におくれまゐらせて、*後三条院より、七月七日参るべきよし、おほせられたりけるに、

2天の川おなじ流れと聞きながら渡らんことはなほぞ悲しき

とよみけんこそ、げにとおぼゆれ。

「*故院の御かたみには、3ゆかしく思ひまゐらすれど、さし出でんこと、なほあるべきことならず。4そのかみ立ち出でしだいに、はればれしさは思ひあつかひしかど、親たち、*三位殿などしてせられんことをとなん思ひて、言ふべきことな

らざりしかば、心の内ばかりにこそ思ひ乱れしか②。げに、5これも、わが心にはまかせずとも言ひつべきことなれど、また、世を思ひ捨てつと聞かせたまはばD、さまで大切にもおぼしめさじ」と思ひ乱れて、いま少し月ごろよりも物思ひ添ひぬる③心地して、「いかなるついでを取り出でん。さすがに、我と削《そ》ぎ捨てんも、6昔物語にも、かやうにしたる人をば、人も『うとましの心や』などこそ言ふめれ、わが心にも、げにさおぼゆることなれば、さすがにまめやかにも思ひ立たず。かやうにて心づから弱りゆけかし。さらば、ことつけても」と思ひ続けられて、日ごろ経るに、「御乳母たち、まだ六位にて、五位にならぬかぎりは、もの参らせ④ぬことなり。この二十三日、六日、八日ぞよき日。7とく、とく」とある文、たびたび見ゆれど、思ひ立つべき心地もせず。

（出題の都合により、文章を改めた箇所がある。）

（注）＊弁の三位殿…藤原光子。新帝鳥羽天皇の乳母。　＊院…白河上皇。
＊大切なり…必要である。　＊登時…即刻。ただちに。
＊おはしまし折より〜さらでもとおぼしめすにや…堀河天皇がご在世の時から鳥羽天皇に出仕せよとの話があったが、堀河天皇は芳しい返事をなさらなかったから、出仕しなくてもよいとお思いなのではないか。
＊後冷泉院…後朱雀天皇第一皇子。治暦四年（一〇六八）四月十九日に亡くなった。
＊後三条院…後冷泉天皇の次の天皇。後朱雀天皇第二皇子。　＊故院…故堀河天皇。
＊三位殿などしてせられんことをと…三位殿（筆者の姉の藤原兼子）を介して出仕させようとなさっているのだからと。

問一　二重傍線部A〜Dは、誰から誰への敬意をあらわすか、次のア〜カの中からそれぞれ一つ選び、記号で答えよ。

ア　弁の三位　　イ　白河上皇　　ウ　堀河天皇　　エ　鳥羽天皇　　オ　筆者　　カ　読者

問二　波線部①と②の「しか」、波線部③と④の「ぬ」について、それぞれ文法的に説明せよ。

問三　傍線部1を現代語になおせ。

問四　傍線部2の和歌の「渡らんこと」とは何をたとえているかがわかるように、全体を現代語になおせ。また、この和歌に用いられている技巧を、次のア～オの中から一つ選び、記号で答えよ。

ア　掛詞　　イ　序詞　　ウ　枕詞　　エ　縁語　　オ　折句

問五　傍線部3「ゆかしく思ひまゐらすれど」について、誰が誰のことをどう思うのかがわかるように、現代語になおせ。

問六　傍線部4「そのかみ」は筆者が最初に出仕した時をさし、傍線部5「これ」は今回の出仕の話をさすが、いずれも筆者は思い乱れている。それぞれの時の筆者の思いについて説明せよ。

問七　傍線部6「昔物語」について、筆者が思い浮かべた物語の内容をわかりやすく説明せよ。

問八　傍線部7「とく、とく」について、なぜそのように言っているのか、説明せよ。

9

次の文章は、ある短編物語集に収められている「思はぬ方にとまりする少将」の一節である。父母に先立たれて心細く暮らしていた大納言家の姉妹のもとに、貴公子が通ってくるようになった。読んで、後の設問に答えなさい。

大納言の姫君、二人ものしたまひし、まことに物語に書きつけたるありさまに劣るまじく、何事につけても生ひ出でたまひしに、故大納言も母上も、うちつづきかくれたまひにしかば、いと心細き古里にながめすごしたまひしかど、①はかばかしく御乳母だつ人もなし。ただ、つねにさぶらふ侍従、弁などいふ若き人々のみさぶらへば、年にそへて人目まれにのみなりゆく古里に、いと心細くておはせしに、右大将の御子の少将、知るよしありて、いとせちに聞こえわたりたまひしかど、かやうの筋は②かけても思し寄らぬことにて、御返り事など思しかけざりしに、少納言の君とて、いといたう色めきたる若き人、何のたよりもなく、ふたところ御とのごもりたる所へ導ききこえてけり。もとより御心ざしありけることにて、姫君をかきいだきて、御帳のうちへ入りたまひにけり。思しあきれたるさま、例のことなれば書かず。おしはかりたまひにしも過ぎて、あはれに思さるれば、うち忍びつつ通ひたまふを、父殿聞きたまひて、「人のほど、くちをしかるべきにはあらねど、何かは、いと心細きところに。」など許しなくのたまへば、A思ふほどにもおはせず。

君も、しばしこそ忍びすごしたまひしか、さすがに、さのみはいかがおはせむ。さるべきに思しなぐさめて、やうやう③うちなびきたまへるさま、いとどらうたくあはれなり。昼など、おのづから寝すごしたまふ折、見たてまつりたまふに、いとあてにらうたく、うち見るより心苦しきさましたまへり。

何事もいと心憂く、人目まれなる御すまひに、人の御心もいとたのみがたく、「いつまで。」とのみながめられたまふに、四五日いぶせくて積もりぬるを、「思ひしことかな。」と心細きに、御袖ただならぬを、我ながら、「いつ習ひけるぞ。」と思ひ知られたまふ。

人ごころあきのしるしの悲しきにかれゆくほどのけしきなりけり

(注)○侍従、弁などいふ若き人々＝姫君たちに仕える年若い女房たち。
○少納言の君＝姫君たちに仕える女房の一人。　○姫君＝大納言の姫君二人のうち、長女をさす。
○君も、しばしこそ忍びすごしたまひしか＝姫君も、しばらくの間こそ少将に逢うことをつらく思う気持ちをこらえていらっしゃったが。

問一　傍線部①〜④の意味を、必要に応じて言葉を補って記しなさい。

問二　傍線部A「思ふほどにもおはせず」について、次の(1)・(2)の設問について答えなさい。

(1)「思ふほどにもおはせず」とは、だれのどのような行動なのか、わかりやすく記しなさい。

(2)そのような行動をとったのはどうしてなのか、本文の内容を踏まえて説明しなさい。

問三　傍線部Bの和歌はどのような心情を表現しているか、二つの掛詞に留意して説明しなさい。

問四　波線部「導ききこえてけり」とあるが、敬語「きこゆ」はだれからだれに対して用いられたものか、答えなさい。

問五　「思はぬ方にとまりする少将」と同じ物語集には「虫めづる姫君」も収録されている。この短編物語集の名前を漢字で記しなさい。

10

次の文章は『源氏物語』「蓬生《よもぎふ》」の巻の一節である。源氏が都を退去した後の末摘花《すゑつむはな》とその家のことが記されている。読んで後の問いに答えなさい。

※常陸の宮の君は、(Ⅰ)父親王《みこ》の亡せたまひにし名残に、また思ひあつかふ人もなき御身にていみじう心細げなり①しを、※思ひかけぬ御事の出で来て、とぶらひきこえたまふこと絶えざりしを、(a)いかめしき御勢ひにこそ、事にもあらずはかなきほどの(b)御情《なさけ》ばかりと思したりしかど、待ち受けたまふ袂《たもと》の狭《せば》きに、A大空の星の光を盥《たらひ》の水に映したる心地して過ぐしたまひしほどに、※かかる世の騒ぎ出で来て、なべての世うく思し乱れし紛れに、わざと深からぬ方の心ざしはうち忘れたるやうにて、遠くおはしましにし後、※ふりはへて②しもえたづねきこえたまはず。その名残にしばしは泣く泣くも過③ぐしたまひしを、年月経《ふ》るままにあはれにさびしき御ありさまなり。

古き女ばらなどは、「いでや、(Ⅱ)いと口惜しき御宿世なりけり。おぼえず神仏の現れたまへらむやうなりし(c)御心ばへに、かかる※よすがも人は出でおはするものなりけりとありがたう見たてまつりしを、おほかたの世のことといひながら、また頼む方なき(d)御ありさまこそ悲しけれ」とつぶやき嘆く。Bさる方にありつきたりしあなたの年ごろは、言ふかひなきさびしさに目馴《めな》れて過ぐしたまふを、なかなかすこし世づきてならひにける年月に、Cいとたへがたく思ひ嘆くべし。す④こしもさて※ありぬべき人々は、おのづから参りつきてありしを、みな次々に従ひて行き散りぬ。女ばらの命たへぬもありて、月日に従ひて、上下《かみしも》の人数少なくなりゆく。

(『源氏物語』より)

※注　常陸の宮の君＝末摘花。　思ひかけぬ御事＝源氏が末摘花のもとに通い始めたことをさす。
かかる世の騒ぎ＝源氏の須磨退去をさす。　ふりはへて＝わざわざ。
よすが＝身を寄せる人。源氏をさす。　さてありぬべき人々＝役に立ちそうな人々（女房たち）。

問一　傍線部（Ⅰ）と（Ⅱ）を現代語に訳しなさい。

問二　傍線部①～④の「し」の文法的な説明として、正しいものを次の中から選んで、記号で答えなさい。答えは同じ記号を何度用いてもよい。

ア　動詞の一部　　イ　副詞の一部　　ウ　助詞　　エ　助動詞

問三　傍線部（a）～（d）はだれの様子や心情をさしているか。次の中から選んで、記号で答えなさい。答えは同じ記号を何度用いてもよい。

ア　父親王《みこ》　　イ　常陸の宮の君（末摘花）　　ウ　源氏　　エ　古き女ばら

問四　傍線部A「大空の星の光を盥《たらひ》の水に映したる心地」は、だれのどのような心情を述べたものか、説明しなさい。

問五　傍線部B「さる方にありつきたりしあなたの年ごろ」の意味として、最も適切なものを次の中から選んで、記号で答えなさい。

ア　そのような人を頼りにしなければならなかったあなたの若い頃。
イ　そのような仕事がやっと手に入った過去の数年間。
ウ　そのような生活に慣れきっていた過去の数年間。
エ　そのようなやり方がよく似合っていたあなたの若い頃。

問六　傍線部C「いとたへがたく思ひ嘆くべし」について、女房たちがなぜこのように受け止めたと考えられるのか、五〇字以内で説明しなさい。

11

つぎの文章について後の問に答えよ。

[1]みづうみと思はざりせばみちのくのまがきの島と見てやすぎまし

これは、公忠の弁の子に、観教僧都と寛祐君といひける人に、兄弟[a]ふたり具して、竹生島《ちくぶ》といへる所へまかりけるに、その年、ことのほかに雨ふりて、大水のいでたりければ、大津の辺の小家《こいへ》ども、みな湖《うみ》にひたりて、わづかに垣根の末ばかり見えけるなかを、わけ行きけるを見て、寛祐君が見て、僧都に語りけるなり。「この歌返しすべけれど、大きなる難あり。されば、[2]えすまじ」と申しけるに、「[3]さらに難覚えず」といひて、ふたり論じけるを、おのおの「親の弁に申して[b]一定はせむ」と申して、[c]京に帰りけるままに、行きて、「[4]かかる事なむ侍りしか」と語りければ、弁聞きて、歌をよくよく案じて、とみにもいはざりければ、おのおの、いぶかり思ひて、のびあがりつつ、[d]とう聞かまほしげにて、ゐたりけるに、よくよく思はしめて、とばかりありてぞ、「などかさも詠まざらむ。また、難もいはれたり」とぞ[5]判じける。難は、まがきの島と見てすぎぬといふは、[6]まがきの島に恥を見するなりとぞ難じける。

（『俊頼髄脳』による）

（注）○まがきの島――宮城県の塩竈《しおがま》湾にある島。歌の名所の一つ。
○公忠の弁――平安時代の歌人で、右大弁の源公忠。　○竹生島――琵琶湖の北にある島。
○大津――琵琶湖南西岸の港。　○わけ行きけるを見て――舟で分け進んでいったのを見て。

問一　傍線部a〜dを現代語訳せよ。

問二　傍線部1は、兄弟が訪れた場所のどのような状態を詠んだものか、説明せよ。

問三　傍線部2について、どういうことを言っているのか、言葉を補って説明せよ。

問四　傍線部3は、誰から誰へのどのような反論か、わかりやすく説明せよ。

問五　傍線部4は、どういうことを言っているのか、わかりやすく説明せよ。

問六　傍線部5「判じける」とあるが、公忠の判定はどのようなものか、二点に整理して説明せよ。

問七　傍線部6は、歌において「まがきの島」をどのように扱ったことについて言ったものか、わかりやすく説明せよ。

12

次の文章を読んで、後の問いに答えよ。

仮の世は、仮の栖《すみか》こそよけれ。雲水の身も羨《うらや》ましげなれど、我《われ》都の美に馴《な》るること八十年、今更雲水の望みは絶えぬ。その美といふは、華奢《くわしや》の美にはあらず。衣は木綿暖かし。布涼し。食は米白く味噌《みそ》・醤油《しやうゆ》うまし。これ都の美ならずや。はた行脚《あんぎや》の慕はしき時は、千里行《かう》の千の字の点を取りのけて、十里行にして、畿内近国を経歴し、わびしらになれば、日を経ずして我が栖へもどる。行くも帰るもすみやかなれば、倦《う》むことなく、懶《ものう》きこともなく、ただ楽しきばかりなり。

世の人多くは己《おのれ》が生まれたる家に老いて、子孫眷属《けんぞく》にむつかしがられ、うとんぜられ、その身も心もままならねば、子孫をいぢり、貪瞋痴《とんじんち》を離れやらず。これ仮の世を忘るるに似たり。我も子孫なきにしもあらねど、その紲《きづな》を断ちて、折々ごとに逢ひ見れば、(1)遠いが花の香にて、互ひにうれしき心地ぞする。ものを構はねば子孫の邪魔にもならず、我仮の庵《いほり》を、そこここと住み替ゆること十八箇所、なほ生きなばまたも替え(a)なん。(2)これ、仮の世の仮なることを忘れぬたづきなりけり。一年二年《ひととせふたとせ》住めば厭《あ》き、厭《あ》けば余所《よそ》へ移り、移ればまためづらかに気を養ふ。よきもあしきも一所にとどまらず。禅者の言はく、成仏得脱《とくだつ》してそこにとどまれば、その仏、死仏にて役に立たずと言へり。げにも浮世みなかくの如し。これにてよしと、心緩《ゆる》まれば、すなはちその油断より不意の災《わざはひ》も出《い》で来るなり。さりとて、その上へ人欲の限りなきを累《かさ》ねよとにはあらず。ただ油断すなといふばかりなり。我はさやうのむつかしき工夫にはあらず。同じ所にをれば情が尽くる故に、かく(b)なん住み替ゆるなる。それも佳景の所、あるは遊里近き所には一度も住まず。これおもしろ過ぎ、繁華過ぐるの難あればなり。景色も稀《まれ》に見ればこそ興あめれ、明け暮れに見ば、(3)あたら風色もなどか飽かでやはあるべき。市中に隠れをれば、物不自由ならず。いづこへ行くもかたよらず。

（神沢杜口『翁草』による）

注
○雲水――所を定めず遍歴することによって、修行する僧。
○貪瞋痴――仏教用語で言う三つの根本的な煩悩《ぼんのう》。貪欲《どんよく》・瞋恚《しんい》(怒り)・愚痴のこと。
○得脱――仏教用語で、煩悩を脱して涅槃《ねはん》(絶対的な静寂に達した境地)に到ること。
○遊里――遊女のいる所。遊郭。

問一 傍線(1)は、どういうことをいっているのか。説明せよ。

問二 傍線(2)(3)を現代語訳せよ。

問三 二重傍線「都の美」とは、どのようなものであるといっているのか。本文全体の趣旨をふまえて説明せよ。

問四 傍線(a)(b)の「なん」を、文法的に説明せよ。

1

次の文章を読み、後の設問に答えよ。なお、設問の関係で、返り点・送りがなを省いたところがある。

余ガ家ニ有リ二傭嫗ノ何氏ナルモノ一。天津ノ人ナリ。其ノ郷間ノ一巨家将ニレ築カントレ室ヲ、集メテ二人夫ヲ一治メシムレ地ヲ。何嫗ノ夫ノ兄之子（A）与《あづかル》レ焉《これニ》。掘リテ得二一銀盆ヲ一。其ノ大ナルコト如シレ槃ノ。争ヒテ欲シレ得ントレ之ヲ、遂ニ致スニ二喧闘ヲ一。聞《ぶんス》二於主人ニ一。主人曰ク、「此レ我ガ地也。地上地下、皆我之物ナリ。汝ガ曹何ゾ与ランヤレ焉ニ。」（B）衆乃チ不二敢ヘテ争ハ一。主人携ヘ帰リ、権《はかルニ》レ之ヲ、重サ五十両ナリ。命ジテレ匠ニ鎔《とかサシメ》レ之ヲ、而分二‐与ス治ムルレ地ヲ者ニ一。（C）人ゴトニ得タリ二二両有奇ヲ一。何嫗ノ夫ノ兄之子モ亦タ受ケテレ所ヲレ分スル而帰ル。俄《にはかニシテ》而大イニ病ム。医療スルコト月余、（D）雖モ二幸ヒニシテ不ルトレ死セ、而所レ分スル之銀尽ク矣。何嫗毎《つねニ》挙ゲ二此ノ事ヲ一以テ戒メ二其ノ儕輩ニ一曰ク、「分外之財、得ルモレ之ヲ無シレ益、（E）勿妄求也。」

（『右台仙館筆記』による）

〔注〕傭媼＝女性の召使い。　何氏＝何という姓の人。　天津＝地名。　郷閭＝出身地の村。
巨家＝その土地の有力者。　治地＝土地を整地すること。　何媼＝傭媼何氏に同じ。
槃＝水を張る大きな器。　喧鬩＝大騒ぎして争う。　聞＝申し上げる。　汝曹＝お前たち。
匠＝職人。　二両有奇＝二両あまり。　儕輩＝仲間。　分外＝身分不相応。

問一　傍線部Aと同じ意味で「与」の字が用いられているものを、次のア〜エの中からひとつ選び、記号で答えよ。

ア　与党　　イ　与奪　　ウ　給与　　エ　天与

問二　傍線部Bに「衆乃不敢争」とあるが、人夫たちが争うのをやめたのはなぜか。わかりやすく説明せよ。

問三　傍線部Cに「人得二両有奇」とあるが、人夫たちが二両あまりを受け取るに至った経緯を、わかりやすく説明せよ。

問四　傍線部Dを、平易な口語に訳せ。

問五　傍線部Eを、全文ひらがなで書き下し文にせよ。

2

次の文章を読んで、後の問いに答えよ。（設問の関係で、返り点・送りがなを省いたところがある。）

秦《しん》二世之時、趙高駕ガシテレ鹿ニ而従ヒ行ク。王曰ク、「丞相①何為駕ストレ鹿ニ。」高曰ク、「馬也ト。」王曰ク、「丞相誤マレルか、以テレ鹿ヲ為スレ馬ト也ト。」高曰ク、「乃チ馬也。陛下A以テ二臣之言ヲ一為サバレ不トレ然ラ、願ハクハ問ヘト二群臣ニ一。」②於レ是乃チ問フ二群臣ニ一。群臣半バ言ヒレ馬ト、半バ言フレ鹿ト。当タリ二此之時ニ一、秦王不シテレ能ハ三自ラ信ズル二其ノ直目ヲ一、而従フ二邪臣之言ニ一。鹿ト与レ馬之異ニスルハレ形ヲ、乃チ衆人之所レ知ル也、③然不レ能ハレ別ツ二其ノ是非ヲ一。B況於闇《あん》昧《まい》之事乎。易ニ曰ク、「C二人同ジクスレバレ心ヲ、其ノ義断ツトレ金ヲ。」群党合ハセテレ意ヲ、以テ傾クレバ二一君ヲ一、孰カ不ランレ移ラ哉。

（『新語』による）

（注）秦二世――秦の皇帝。始皇帝の次子。趙高の策謀によって皇帝となった。
趙高――人名。始皇帝の死後、始皇帝の長子を殺して二世皇帝を即位させた。
丞相――官名。皇帝を補佐する大臣。
易――書名。

問一　傍線部①「何為」、②「於㆑是」、③「然」の読みを、送りがなの必要なものはそれも含めて、ひらがなで答えよ。

問二　傍線部A「以㆓臣之言㆒為㆑不㆑然、願問㆓群臣㆒。」を現代語訳せよ。

問三　傍線部B「況於闇昧之事乎。」は「まして微妙な事の場合はなおさらだ。」という意味である。ひらがなのみを用いて書き下し文に改めよ。

問四　傍線部Cに「二人同㆑心、其義断㆑金。」とあるが、この句はここではどういう意味で引用されているのか。本文をふまえて説明せよ。

3

次の文章を読んで、後の設問に答えなさい（設問の都合により送りがなを省略したところがある）。

杭州北関門外ニ有リ二一屋一。A鬼屢見、人不二敢居一、扃《けい》鎖《さ》甚ダ固シ。書生ノ蔡姓ナル者、将ニレ買ハント二其ノ宅ヲ一。人危ブムモレ之ヲ、蔡不レ聴カ。券成リ、B家人不二肯入一、蔡親自啓レ屋、秉レ燭坐。至リ二夜半一ニ、有リ二女子ノ冉《ぜん》冉《ぜん》トシテ来ル一。頸ニ拖《ひき》二紅帛ヲ一、向カヒテレ蔡ニ俠拝シ、結ビ二縄ヲ於梁ニ一、伸ベテレ頸ヲ就クレ之ニ。蔡無シ二怖色一。女子再ビ挂ケテ二一縄ヲ一招クレ蔡ヲ。蔡曳キテ二一足ヲ一就クレ之ニ。C女子曰ク「君誤レリト矣。」蔡笑ヒテ曰ク「汝誤レバ、才《わづカニ》有リ二今日一。我勿キレ誤ルコト也。」鬼大イニ哭キ、伏シテレ地ニ再拝シテ去ル。自リレ此怪遂ニ絶エ、蔡モ亦登第ス。

（『子不語』による）

（注）○扃鎖―戸じまり。　○券―契約。　○冉冉―そろりそろりと。　○紅帛―赤い絹の帯。
○俠拝―女性が男性に対して行う礼。　○曳―伸ばす。　○登第―科挙に合格する。

問一　傍線部Aをひらがなだけの書き下し文にしなさい（現代かなづかいでよい）。

問二　傍線部Bを平易な現代語に訳しなさい。

問三　傍線部Cのやりとりの内容を、双方の言う「誤」の内容を明らかにして、説明しなさい。

4

次の文章を読んで、後の問に答えよ。

唐《ノ》進(注1)士趙顔於《テ》二画(注2)工《ノ》処《ニ》一得《タリ》二一《ノ》軟(注3)障《ヲ》一。図《ゑがケリ》二一《ノ》婦人《ノ》甚《ダ》麗《シキヲ》一。顔謂《ヒテ》二画工《ニ》一曰《ク》、「世《ニ》無《キ》二其《ノ》(注4)人一也。如(注5)何《ニシテ》令《ムルヤ》レ生《カ》(注6)。某願《ハクハ》納《レテ》為《サムコトヲト》レ妻《ト》。」画工曰《ク》、「余《ノ》(注7)神画也。此《ニ》亦有《リテ》レ名、曰《フ》二真真《ト》一。呼《ブコト》二其《ノ》名《ヲ》一百日《ニシテ》、昼夜不《レバ》レ歇《やメ》、即《チ》必《ズ》応《フ》レ之《ニ》。応《フレバ》則《チ》以《テ》二百(注8)家彩灰酒《ヲ》一灌《そそゲバ》レ之《ニ》、必《ズ》活《キムト》。」A顔如《ク》二其《ノ》言《ノ》一、遂《ニ》呼《ブコト》レ之《ヲ》百日《ニシテ》、昼夜不《レバ》レ止《メ》、乃《チ》応《ヘテ》曰《ク》、「諾(注9)《ト》。」急《ギテ》以《テ》二百家彩灰酒《ヲ》一灌《ゲバ》、遂《ニ》活《ク》。下《リテ》歩《ミ》言笑《シ》、飲食《スルコト》如《シ》レ常《ノ》。曰《ク》、「謝《ス》二君《ノ》召《スヲ》レ妾《ヲ》(注10)。妾願《ハクハ》事《トセムコトヲ》(注11)二箕箒《ヲ》一。」終《ヘテ》(注12)レ歳《ヲ》、生《ム》二一《ノ》児《ヲ》一。児年両歳《ニシテ》、B友人曰、「此妖(注13)也。必与(注14)レ君為レ患。余有二神剣一、可レ斬レ之。」其《ノ》夕、乃《チ》遺《おくル》二顔《ニ》剣《ヲ》一。剣(注15)才《わづかニ》及《ブヤ》二顔《ノ》室《ニ》一、真真乃《チ》泣《キテ》曰《ク》、「妾《ハ》南(注16)

岳《ノ》地仙也。無《クシテ》レ(注17)何為《ニ》レ(注18)人《ノ》画《カル》二妾之形《ヲ》一。君又呼《ビタリ》二妾《ノ》名《ヲ》一。既《ニ》不《ルニ》レ(注19)奪《ハ》二君《ノ》願《ヒヲ》一、君今疑《フ》レ妾《ヲ》。妾不《ト》レ可《カラ》レ住《とどマル》。」言《ヒ》訖《おはルヤ》、携《ヘ》二其《ノ》子《ヲ》一C却《しりぞキ》上《リ》二軟障《ニ》一、嘔二出《ス》先《ニ》所《ノ》レ飲《ム》百家彩灰酒《ヲ》一。睹《みレバ》二其《ノ》障《ヲ》一、D唯《ダ》添《フ》二一《ノ》孩(注20)子《ヲ》一。皆是《レ》画《ナリ》焉。

（『聞奇録』より）

（注1）進士—ここでは、科挙の進士科の合格者。
（注2）画工—画家。
（注3）軟障—布製の屏風。
（注4）其人—ここでは「そのような人」の意味。
（注5）如何令生—「どのようにすれば活かす（＝活きた人にする）ことができるのか」の意味。
（注6）某—ここでは「私」の意味のへりくだった自称。
（注7）神画—神妙不可思議な絵画。
（注8）百家彩灰酒—霊妙な酒の名。百軒の家から集めた綾絹《あや》を燃やした灰を混ぜた酒。
（注9）諾—「はい」の意味の丁寧な応答語。
（注10）妾—女性のへりくだった自称。
（注11）事箕箒—毎日の仕事として掃除をする。ここでは、「身の回りの世話をする」こと。

（注12）終歳—まる一年が経つ。
（注13）妖—不吉な妖怪《ようかい》。
（注14）与—ここでは「〜に（対して）」の意味。
（注15）剣才及顔室—「才」は、「〜したばかりの時」の意味。「及」は、「届く」・「至る」の意味。
（注16）南岳地仙—「南岳」は、「五岳」（中国の五つの名山）の中の南方の衡山。湖南省に在る。「地仙」は、仙人のうち地上に住む者。
（注17）無何—「無故」と同じ。「ゆえなくして」の意味。
（注18）為人—「ある人によって〜される」の意味。「為」は受身を表わす。
（注19）不奪君願—「あなたの願いどおりにした」の意味。
（注20）孩子—「子供」の意味。

問一　本文中に、「すなはち」と訓ずる三種の助字、「即」・「則」・「乃」が見えている。さて、次の短文の空欄には、共通に、この三種の助字のうちの一字が入る。どの助字を入れるのが適当か。また、その理由を簡単に記せ。

子曰《ク》、弟子入《リテハ》□《チ》孝、出《デテハ》□《チ》弟《(注)》、謹《ミテ》而信。汎《ひろク》愛《シ》レ衆《ヲ》而親《シメ》レ仁《ニ》。行《ヒテ》有《レバ》二余力一、□《チ》学《ブニ》以《テセヨト》レ文《ヲ》。

（『論語』学而篇より）

（注）「弟」は、ここでは「悌」の仮借。兄や従兄《いとこ》など、同族内の同じ世代の年長者に対して従順であること。

問二　傍線部Aを現代日本語に訳せ。

問三　傍線部Bを書き下し文に改めよ。なお、傍線部Bは送り仮名を省いてある。

問四　傍線部Cにおいて、真真は屏風の上に戻ったとあるが、なぜ彼女はそのようにしたのか、その理由を三〇字以内（句読点を含む）で記せ。

問五　傍線部Dにおいて、屏風の絵に子供の姿が付け加わったとあるが、なぜそのようになったのか、その理由を六〇字以内（句読点を含む）で記せ。

5

次の文章を読んで、後の問いに答えよ。(設問の都合で返り点、送り仮名を省いたところがある。)

沈周、字《ハ》啓南、長洲《ノ》人《ナリ》。及《ビ》長《ズルニ》、書《ニ》無《シ》所不《ル》覧《み》。文《ハ》摹《ぼシ》左氏《ヲ》、詩《ハ》擬《なぞらヘ》白居易・蘇《そ》軾《しょく》・陸游《いうニ》、字《ハ》仿《ならヒ》黄庭堅《ヲ》、並《ビニ》①為世所愛重。②尤工於画、評者謂為明世第一。

郡守欲《ス》薦《メント》周《ヲ》賢良《ニ》。周筮《うらなヒ》易《えきヲ》、得《テ》遯《とん》之九五《ヲ》、遂《ニ》決意《ス》隠遁《ヲ》。奉《ジテ》親《ヲ》至孝《タリ》。父歿《シテ》、或勧之仕、対《ヘテ》曰《ク》、③「若不知母氏以我為命耶。奈何《ゾ》離《レント》膝《しつ》下《かヲ》。」居《リテ》恒《つねニ》厭《いとヒ》入《ルヲ》城市《ニ》、於《イテ》郭外《ニ》置《キ》行《かう》窩《くわヲ》、有《レバ》事、一《ニ》造《いたル》之《ニ》。晩年、匿《かくスコトヲ》跡《ヲ》惟《ダ》恐《ルルノミ》不《ランコトヲ》深《カラ》。先後《シテ》巡《じゅん》撫《ぶ》王恕《じょ》・彭《はう》礼 a咸礼《モテ》敬《ヒ》之《ヲ》、欲《スルモ》留《メント》幕下《ニ》、並《ビニ》以《テ》母《ノ》老《イヲ》辞《ス》。

有リ下郡守ノ徴《め》シ二画工ヲ一絵《ゑが》カシメントスル中屋壁ニ上。里人ノ疾《にく》ムレ周ヲ者、入ルレバ二其ノ姓名ヲ一、〔b〕遂ニ被レ摂。④或勧周謁貴遊以免。周曰ク、「往クハレ役《えき》ニ義也。謁二貴遊一、不ル二更ニ辱メ一乎ト。」卒ニ供シテレ役ヲ而還ル。已ニシテ而守入《にふ》覲《きん》セバ、銓《せん》曹《さう》問ヒテ曰ク、「沈先生無キレ恙《つつが》乎ト。」守不レ知ラレ所ヲレ対フル、漫《そぞろ》ニ応《こた》ヘテ曰ク、「無シトレ恙。」見《まみ》ユレバ二内閣ニ一、李東陽曰ク、「沈先生有ルレ牘《とく》乎ト。」守益ヽ愕《おどろ》キ、⑤復漫ロニ応ヘテ曰ク、「有ルモ而未ダトレ至ラ。」守出デテ、倉《さう》皇《くわう》ニ謁シテ二侍《じ》郎《らう》ノ呉寛ニ一問フ、「沈先生ハ何人ゾト。」寛〔c〕備ニ⑥言フ二其ノ状ヲ一。詢《とへ》バ二左右ニ一、乃チ画クノレ壁ニ生也。比《およ》ビレ還ルニ、謁シ二周ニ舎ニ一、再拝シテ引《いん》咎《きう》セントセバ、索《もと》メレ飯ヲ、飯《くら》ヒテレ之ヲ而去ル。

（『明史』隠逸伝による）

注　長洲……蘇州府下の県。　摹左氏……摹はその通りにまねるの意。左氏は『春秋左氏伝』のこと。

白居易……唐の詩人。
蘇軾……北宋の詩人。
陸游……南宋の詩人。
黄庭堅……北宋の詩人、書家。
郡守……地方長官。ここでは蘇州府の知事。後の「郡守」とは別人。
賢良……推薦による任官制度の一科目名。
遁之九五……易《えき》の「遁」の卦《か》。志が正しければよき隠遁ができるの意。
行窩……隠れ家《が》の意。
匿跡……人に知られないように暮らす。
郭外……町を囲む城壁の外。郊外。
巡撫……地方の軍事、経済を巡察する高官。
摂……ひっぱるの意。
貴遊……身分の高い友人。
役……徭役《ようえき》。
入覲……行政報告のために都に行くこと。
銓曹……業績査定の係官。
無恙……無事、元気であること。
内閣……皇帝を補佐する顧問機関。政治の実権を握っていた。
李東陽……このときの内閣の一員。
牘……書信。
倉皇……あわてるさま。
侍郎呉寛……侍郎は中央行政各官庁の副長官。呉寛は長洲出身の人。
引咎……責めを負うこと。ここではおわびの品を与えるの意。

問一　波線部a「咸」・b「被」・c「備」は、それぞれ文中においてどう読むか。その読み方を送り仮名も含めてすべて平仮名で記せ。

問二　傍線部①「為世所愛重」をすべて平仮名で書き下せ。現代仮名づかいでもよい。

問三　傍線部②「尤工於画、評者謂為明世第一」を平易な現代語に訳せ。

問四　傍線部③「若不知母氏以我為命耶」を平易な現代語に訳せ。

問五　傍線部④「或勧周謁貴遊以免」について、

(1)　返り点、送り仮名を施せ。

(2)　沈周はこの勧めをなぜ断ったのか、三十字以内で説明せよ。

問六　傍線部⑤「復漫応曰」とあるが、「守」がそのような答え方をした心理を、六十字以内で説明せよ。

問七　傍線部⑥「言其状」とあるが、呉寛はどのようなことを言ったと考えられるか、六十字以内で説明せよ。

6

次の文章を読んで、後の問いに答えよ。ただし設問の都合により、返り点を省いた箇所がある。

販海之舟、所三以無キ二覆《ふく》溺《でき》之虞《おそれ》一者《は》、不レバ二与レ風争ハ一也。(a)大凡舟ノ覆ルハ、多ク因ルレ闘フニレ風ト。此ノ輩海外諸国既ニ熟シ、随ヒ二風ノ所ニレ向カフ、挂《か》ケテレ帆ヲ従フレ之ニ。故ニ保ツ二其ノ(b)経テレ歳ヲ無キレ事也。余見ルニ二海《かい》塩《えん》・銭《せん》塘《たう》ノ捕ラフルレ魚ヲ者ヲ一、為リ二疏竹ノ筏《いかだ》ヲ一、半バ浮カビ半バ沈ミテ二水上ニ一、任《ま》二従《か》ス風潮波浪ニ一。舟ハ皆戒心シテ、(1)而筏ハ永ク無キレ恙《つつが》者、不レバ二与レ水争ハ一也。(2)小人誠ニ有リ二意智一。然シテ因リテレ之ニ悟ル二処世之法ヲ一。江南(c)遣ハシテ二徐《じよ》鉉《げん》ヲ一聘《へい》セシムレ宋ニ。詞《し》鋒《ほう》才弁、(3)廷臣無シ出ヅル其ノ右ニ者。而シテ宋ノ太祖遣ハシテ二一リノ不ルレ識ラレ字ヲ殿《でん》侍《し》ヲ一接セシムレ之ニ。(4)即チ是レ此ノ意ナリ。

（謝肇淛『五雑組』による）

注

○販海――海外交易。　○此輩――海外交易に従事する者たち。
○海塩・銭塘――いずれも地名。現在の浙江省。
○疏竹筏――粗い竹のいかだ。　○戒心――用心する。
○意智――智恵。　○江南――国名。五代十国の一、南唐のこと。のち、宋に併合された。
○徐鉉――人名。南唐（江南）の臣。　○聘――使者として他国を訪問する。
○詞鋒――文章・言論の才を剣のきっさきにたとえる。
○宋太祖――宋の初代皇帝、趙匡胤《ちょうきょういん》。　○殿侍――官名。

問一　傍線（a）「大凡」、（b）「経」、（c）「遣」の読みを記せ。

問二　傍線（1）「筏永無恙者、不与水争也」を訳せ。

問三　傍線（2）「小人」とはどのような者か。右の文章の内容に即して具体的に説明せよ。

問四　傍線（3）「廷臣無出其右者」は、「廷臣其の右に出づる者無し」と読む。これに従って返り点をつけよ。

問五　傍線（4）「即是此意」の「此意」について、右の文章全体の内容をふまえて説明せよ。

7

次の文章A・Bを読んで、後の問に答えよ。（設問の都合上、返り点、送り仮名を省略したところがある。）

A［国民の窮状は「貨軽銭重」と「徴税暗加」とによると考えた皇帝が、問題解決の方策を臣下にもとめたもの］

当今ノ百姓之困、衆情ノ所ナリレ知ル。（1）欲減税則国用不充、欲スレバレ依ラントレ旧ニ則チ人困転《うた》タ甚シ。皆由ル二貨注①軽銭重・徴注②税暗加ニ一。（2）宜下令三百寮各陳二意見一以革中其弊上。

B［元稹の答申］

臣以《お》為《も》ヘラク当今ノ百姓之困、其ノ弊数十ナリ。不ル三独《ただ》ニ在ラ二於銭貨徴税之謂《いひ》ノミニ一也。既ニ聖問言フレ之ヲ。又タ以為ヘラク黎《れい》注③庶《しょ》之重困、不レ在ラ二於賦税之暗加ニ一、患ハ在リ二於（3）剥奪之不ルニレ已《や》マ。銭貨之軽重、不レ在ラ二於議論之不ルニレ当ラ、患ハ在リ二於法注④令之不ルニレ行ハレ。

今天下ノ賦税ハ一法也、厚薄ハ一概也。然レドモ而廉能莅《のぞ》メバレ之ニ則チ

生息ス、貪《たん》愚《ぐ》莅メバレ之ニ則チ敗傷ス。蓋《けだ》シ(イ)得レバレ人ヲ則チ理《をさむ》ル之明験也。豈ニ徴
税暗加之謂ナラン乎。
自リレ注⑤嶺已南、以テ二金銀ヲ一為ス二貨幣ト一。自リレ注⑥巴已外、以テ二塩帛ヲ一為ス二交易ヲ一。
注⑦黔《けん》・巫《ふ》・渓・峡、大抵用キテ二水銀・硃《しゅ》砂《しゃ》・繒《そう》綵《さい》・巾帽ヲ一以テ相市《かふ》。然レバ而
前人以テレ之ヲ理ムトスルハ、後人以テレ之ヲ擾《みだ》ルトス。東郡以テレ之ヲ耗《そこな》ひトスルハ、西郡以テレ之ヲ
羸《まうけ》トス。(ロ)又タ得レバレ人ヲ則チ理ムル之明験也。豈ニ銭重貨軽之謂ナラン乎。

(『元氏長慶集』による)

〈注〉①　貨軽銭重＝銅銭が貴重視され、それに連動して物の価値が下落すること。
②　徴税暗加＝税を気づかれないように上げること。　③　黎庶＝庶民。
④　法令＝ここでは、経済活動を円滑にするための法令。
⑤⑥⑦　自嶺已南、自巴已外、黔・巫・渓・峡＝いずれも唐の辺縁地で、銅銭による経済活動が普及していない地域。

問一　傍線部分(1)「欲減税則国用不充」を現代語訳せよ。
問二　傍線部分(2)「宜令百寮各陳意見以革其弊」を書き下し文にせよ。
問三　傍線部分(3)「剥奪」するのはどのような役人か、もっとも適切な二文字を抜き出せ。
問四　波線部分(イ)(ロ)「得人則理之明験也」は、それぞれどのような人を得れば問題が解決するというのか、説明せよ。

8

次の文と詩は宋の蘇軾が、元祐七年（一〇九二）、揚州在任中に詠じた連作詩「和陶[注一]飲酒并《なら》びに叙」の叙と其の一である。よく読んで後の問に答えなさい。なお設問の都合上、送り仮名を省略した所がある。

吾飲ムコトレ酒ヲ至《いた》ツテ少シ、(1)常以レ把レ盞《さん》[注二]為レ楽、往往頽《たい》[注三]然《ぜん》トシテ坐睡ス。人ハ見ルモ二其ノ酔ヘルカト一、而吾ハ中《うち》ニ了[注四]然タリ、蓋《けだ》シ莫《な》キ三能《よ》ク名ヅクル二其ノ為スカレ酔ヘルト為スカヲレ醒ムルト也。在ル二揚州ニ一時、飲ミテレ酒ヲ過グレバレ午《ひる》ヲ輒《すなは》チ罷《や》ム。客去レバ、解《と》キテレ衣ヲ盤《ばん》[注五]礴《ぱく》ス、終日歓《よろこ》ビ不シテレ足ラ而適ハ有リレ余《あま》リ。因《よ》リテ和スニ淵明ノ飲酒二十首ニ一、庶《こひねが》ハクハ以テ仿《はう》二‐佛《ふつ》セシメン其ノ不ルレ可カラレ名ヅクヲ者ヲ一。示スニ[注六]舎弟子由・晁[注七]无咎学士ニ一。

(2)我不如陶[注八]生
［ア］纏[注九]《てん》二‐綿《めん》ス之ニ一
云《い》[注一〇]何《かんゾ》得テ二［イ］ヲ一

亦《また》有《ラン》レ如《キコト》二【ウ】ノ一

寸《すん》[注一一]田《でんニ》無《ク》二荊《けい》[注一二]棘《きよく》一

佳処正《ニ》在《リ》レ茲《ここニ》

縦《ほしいままニシテ》[注一三]レ心《ヲ》与《と》レ事往《ゆク》

所レ遇《あフ》無《シ》二復《また》疑《フコト》一

偶《たまたま》得《テ》二酒[注一四]中《ノ》趣《おもむきヲ》一

空杯亦《また》常《ニ》持《ス》

（『蘇軾詩集』による）

注一　和陶飲酒＝陶淵明の「飲酒二十首」と題する詩の一首ごとに、その詩の韻字を順番通りに用いて作った詩。

注二　盞＝さかずき。

注三　頽然＝酔っぱらって。

注四　了然＝頭が明晰であること。

注五　盤礴＝脚を投げ出してすわる。

注六　舎弟子由＝舎弟は、人に対して自分の弟をいう。子由は弟蘇轍の字。

注七　晁无咎学士＝晁无咎はこの時校書郎の官位で揚州の副知事だった。学士は校書郎の俗称。
注八　陶生＝陶淵明先生。
注九　纏綿＝まつわりつく。
注一〇　云何＝如何と同じ。
注一一　寸田＝一寸四方のはたけ。心のたとえ。
注一二　荊棘＝いばら。心をわずらわすもののたとえ。
注一三　縦＝ほしいまま。自由自在。
注一四　酒中趣＝酒を飲んで得られるこころもち。語は陶淵明「晋の故西征大将軍長史孟府君伝并《なら》びに賛」の中に見える。

問一　傍線部(1)を、全て平仮名で書き下し文にしなさい。

問二　傍線部(2)に返り点と送り仮名をつけなさい。

問三　空欄ア、イ、ウに入れるのに適当な語を選び、記号で答えなさい。

A　生時　　B　世事　　C　一適

問四　波線部の「為酔」とも「為醒」とも分かちがたい状態は、詩でどう詠じられているか、その大意を六〇字以内で記しなさい（句読点を含む）。

駿台受験シリーズ

国公立標準問題集
CanPass
古典

白鳥永興・福田忍　共著

駿台文庫

はじめに

最近の国公立大古典の入試傾向は、この問題集を見て分かるように、センター試験の影響を受けて、従来よりも難度が増してきていることが特徴です。様々なジャンルからの出題が増え、文章が長くなり、大学によっては記述量が年々多くなってきているところもあります。入試を突破するには、出題される問題の傾向をとらえ、それへの対策の見通しを立てて、有効な練習を積んでおくことが重要になります。そのためには、精選された問題に触れて、実際にどのような文章・設問が出題されるのかを体験することと、解答の作成方法を身につけることが必要になります。

この『国公立標準問題集 CanPass 古典』は、右のような入試対策の要《かなめ》となる最新・新傾向の問題を、全国の人気国公立大学の入試問題から精選し、皆さんが自信を持って試験に臨めるようにと工夫して執筆・編集したものです。ここに収録した古文十二題・漢文八題の計二十題を学習することにより、実戦的なトレーニングが行えます。

また、記述型の設問に対応する力を効率よく養うための工夫として、どういう解答を作れば良いかを分かってもらうための【採点基準】を設けてあります。設問の要求に対して、どう答えればいいかを明確に理解しておくこと、また自分の答案の不足している点を知ることが、力をつける基《もと》になるからです。

この問題集を通して、いろいろな大学の多様な問題に触れ、解説等を存分に活用して合格への道を切り拓いていってください。大いに役立ってくれることを祈っています。

編著者

目次

◆はじめに …… 4
◆本書の構成と利用法
解答・解説編
◆古文
1 『発心集』 新潟大 …… 6
2 『本朝美人鑑』 広島大 …… 10
3 『今物語』 信州大 …… 17
4 『大和物語』 熊本大 …… 24
5 『大鏡』 筑波大 …… 30
6 『曽我物語』 富山大 …… 34
7 『建礼門院右京大夫集』 和歌山大 …… 41
8 『讃岐典侍日記』 大阪府立大 …… 47
9 『堤中納言物語』 千葉大 …… 54
10 『源氏物語』 首都大学東京 …… 60
11 『俊頼髄脳』 奈良女子大 …… 66
12 『翁草』 お茶の水女子大 …… 72
◆漢文
1 『右台仙館筆記』 埼玉大 …… 78
2 『新語』 新潟大 …… 83
3 『子不語』 千葉大 …… 87
4 『聞奇録』 和歌山大 …… 92
5 『明史』 広島大 …… 98
6 『五雑組』 お茶の水女子大 …… 106
7 『元氏長慶集』 筑波大 …… 112
8 「和陶飲酒并叙」 岡山大 …… 118
◆索引
古文 …… 122
漢文 …… 126

本書の構成と利用法

◆本書は、近年実施された全国の国公立大学の試験問題から、古文十二題・漢文八題の良問を精選した、実戦トレーニング用の記述対策問題集です。

◆『問題編』と『解答用紙』はそれぞれ別冊となっていますので、取り外して利用できます。

◆各問題の冒頭には、〈難易度（★☆☆：標準　★★☆：やや難　★★★：難）〉と〈標準解答時間（実際の入試でその問題に費やせる時間のめやす）〉を表示しました。まずは標準解答時間内で解答を作成し、二度目以降は時間を気にせず、じっくりと取り組んでみましょう。

◆古文

古文が読めて解けるようになるとは、語の識別を通して語句の意味を把握し、登場人物の行為や心情を把握して、的確に内容をつかめるようになることをいいます。完璧に読み取るというのは大変ですが、出題文章の肝心なところを的確に読めているかどうかを、大学は設問を通して見ようとしているのです。その対策として『解答・解説編』の次の項目を活用してください。

本文の内容……文章の話題と展開を大きく的確に把握できているかを確認します。

現代語訳……逐語訳を旨としています。現代語訳問題での主語の把握や訳出方法を身につけるためにも活用します。

設問解説……目のつけ所、解法に注目します。記述力をつけるとともに語彙・語法を身につける箇所でもあります。

採点基準……自分の答案にはきびしく向かってください。別解が生じる場合もありますが、まずは自分の間違い、表現不足に気がつくことが大事です。

語句チェック！……簡略を心掛け、多義語の場合は基本的に本文中における意味に限ってあります。語彙力をつけるためにも、繰り返し見て役立ててください。

ここに着目しよう！……その課で身につけるポイントのエッセンスです。

◆漢文

漢文の学習と聞くと、多くの人は、再読文字や使役形などの基本的な句形や重要語の読みや意味を憶えることを思い浮かべると思います。これらはもちろん大事な知識なのですが、それだけでは漢文を読解することはできません。それらの基礎的な知識に基づいて、逸話であれば話の筋を、論説的な文章であれば論理の筋を、それぞれ追っていくことが必要になります。

そこで、漢文では『解答・解説編』に「**読解のポイント**」という項目を設けました。ここでは、出題された文章のタイプに応じて、読解の方法が説明されています。それぞれの読解法をしっかりと学習しましょう。

また、「**読み方**」として、全体を書き下しにしたものを用意しました。問題を解いた後で、繰り返し音読してください。漢文にはそれほど多様な表現はありません。頻繁に出現する表現のほとんどをこの問題集で学習できます。繰り返し読むことで憶えてしまいましょう。

その他、**現代語訳**・**設問解説**・**採点基準**・**☑句形と語句のチェック!**・**ここに着目しよう!**については、古文と同じです。有効に活用して、真の読解力と、それを答案にまとめる方法を身につけましょう。

◆古文でも漢文でも、問題を三度～五度と繰り返して学習することで力が付きます。二度程度では足りません。読んで解くことに必要な視点・重要事項に「気がつける」ようになることが応用力を養います。

◆『解答・解説編』の巻末に本書で学習した語句・句形をまとめた「索引」を掲載しました。語句や句形の復習に活用してください。

◆古文・漢文共通　採点基準の細則

＊誤字・脱字等…-1点

＊説明問題等の表現未熟…-1点

＊説明問題で、文末に句点を付していないもの、マス目のある答案で句読点等の符号を一字分とっていない(一つのマス目に文字と同居させたり、マス目の外にはみ出したりしている)もの…-1点

新潟大学

解答

問一 ① 男（＝夫） ② 女（＝妻）

問二 （妻の）髪が暑苦しそうに乱れていたのを、（男は）結わい付けようとして、そばに手紙が置いてあったのを、端を引き破って結んでいた。

問三 道理にもはずれ、前例もないことだが、今一度自分の姿を見たいという夫の愛情の深さに心を打たれて、無理を押して戻って来た。（59字）

問四 火葬の時に燃やしたはずの、妻が臨終の時結んでいた元結いの紙が落ちていた点。（36字）

出典

『発心集《ほっしんしゅう》』 鎌倉前期の仏教説話集。随筆『方丈記』を書いた鴨《かもの》長明《ちょうめい》の作。一二一五年前後の成立。一〇二話の説話からなり、隠遁者や無名の発心者の話が多い。長明自身の経験譚も記されていて興味深い。

本文の内容

ある男がいた。妻が出産の後、重く患って亡くなってしまった。火葬にして葬ったが、男は妻に今一度逢いたいという思いが強くつのり、涙にむせびながら過ごしていた。そんなある夜、死んだはずの妻が男のもとに現れた。夢ではないかと疑うが、それは事実であった。というのも、事実である証拠が残っていたからである。

現代語訳

そう遠くない昔、辺鄙《へんぴ》な田舎にある男がいた。長年にわたって愛情を深く抱いて連れ添っていた妻が、子どもを産んだ後、重い病気にかかったので、夫が付き添って看病した。（妻が）臨終の状態であった時、（妻の）髪が暑苦しそうに乱れていたのを、結《ゆ》わい付けようとして、そばに手紙が置いてあったのを、端を引き破って（それで髪を）結んでいた。

こうして、間もなく息が絶えてしまったので、（男は）泣く泣くあれこれの（死んだ後の）事（＝葬式のことなど）を執《と》り行ったりなどして、はかなく火葬の煙とした。その後、死後の供養を心を込めて営むにつけて、心が鎮まりようもなく、恋しくてどうしようもなく、（妻のことが）思い出されることが尽きることがない。「なんとかしてもう一度、生きていた時のままの姿を見たい」と涙にむせびながら夜を明かし日を過ごすうちに、ある時、夜がたいそう更けてから、この女が（夫の）寝所にやって来た。夢かと思うけれど、やはり現実のことである。うれしくて、まず涙がこぼれて、「それにしても、（あなたは）命が尽きてあの世に行ってしまったのではないか。どのようにして戻っていらっしゃったのですか」と尋ねる。（妻は）「その通りです。現実のこととしてこのように（この世に）戻ってきていることは、あり得ないことで、前例も聞きません。ですが、今一度（私の生前のままの姿を）見たいとしきりに思っている（あなたの私への）愛情が深いので、めったにないことを無理を押して戻って来ているのです」と語る。その他の（二人の）心の中は、とても書き尽くすことができない。枕を交わすことは、生前と少しも違わない。

夜明け近くに起きて（妻は）帰りしなに何かを落とした様子で、寝所をあちらこちら手でさぐって探し求めるけれど、（それが）何かとも（男には）判然としない。すっかり夜が明けた後、共寝した跡を見ると、（髪を結う）元結いが一本落ちていた。手に取って子細に見ると、（妻が）臨終の状態であった時、髪を結わい付けていた手紙の破り取ったものと少しも違わない。この元結いは（火葬の時）すっかり焼き捨ててしまって、間違いなくありえるわけもない。たいそう不思議に思われて、以前の破り残した手紙があったのに繋ぎ合わせて見ると、少しも違わずその手紙の片割れであった。

設問解説

問一（主体の把握）

① 「雲烟となしつ」の「雲烟となす」に注目する。「雲烟」は火葬の煙が雲のようにたなびくことをいう。「なす」は「為す」で「する」の意。「雲烟となす」は「火葬（の煙と）する」ということで、後に残った男の行為である。

② 「出でさまに物を落としたるけしきにて」の「出でさまに」に着眼する。夜明け近く家から出て行くのは、あの世に帰って行く女である。元結いを落としていったと記す後の叙述から判断してもいい。

問二（現代語訳）

「髪の」の「の」は、主格を表す格助詞で、「が」の意味。「乱れたりけるを」は「乱れたりける（の）を」の意。「ける」は準体法（連体形が名詞相当の語を含む意味で用いられる用法。ここは準体助詞の「の」などを補う）。「結ひ付けん」の「ん」は意志の助動詞「む」。「とて」は「と思って」。「文のありけるを」の箇所も、「文のありける（の）を」の意。「片端」は「端《はし》」「一部分」。「なん」は強意の係助詞で下の「ける」で結んでいる。訳出する必要はない。「たりける」は、完了の助動詞「たり」＋過去の助動詞「けり」で、「〜（し）ていた」「〜（し）た」の意味に該当する。

問三（内容把握）

女の返事の中の次の二点を、六〇字以内でまとめることになる。

(1)「うつつにて（＝現実に）かやうに帰り来たる事は、ことわりもなく（＝あり得ないことで）、ためし（＝前例）も聞かず」

(2)「されど、今一度（私を）見まほしく覚えたるこころざし（＝あなたの愛情）の深きによりて、ありがたき事（＝滅多にないこと）をわりなくして（＝無理を押して）来たれるなり」

(2)の「見まほしく」は「見たく・逢いたく」の意。「見まほしく覚ゆ」は「見まほしと覚ゆ」と言い換えることができる。「覚ゆ」は「自然に思う・思われる・思われてならない」の意。「覚えたる」で、男がしきりに思っていることを表している。

問四（説明）

女があの世から逢いに来たのが、現実のことであったことを証明する次の二点をつかみ、四〇字以内でまとめることになる。

(1)妻が臨終の時結んでいた元結いが後に落ちていたから。

(2)それは火葬の時燃やしてしまったものだったから。

配点・採点基準

問一（各3点） **（計30点）**

問二（6点）

＊①～④の箇所で間違いがあれば、各-2点。

①髪の暑げに乱れたりけるを、②結ひ付けんとて、③かたはらに文のありけるを、④片端を引き破りてなん結びたりける。

①「乱れていたのを」となっていないものは、-1点。

②「～しようとして」「しようと思って」が可。「とて」を「と」としたものは-1点。

③「手紙があったのを」となっていないものは、-1点。

④「片端」は「端」「一部分」「ほんの少し」が可。「片端」は-1点。

問三（10点）

＊①～⑤の内容が出ていないもの、間違いは、各-2点。順序は違っていても可。

①道理にもはずれ、②前例もないことだが、③今一度自分の姿を見たいという④夫の愛情の深さに心を打たれて、⑤無理を押して戻って来た。

⑤「仏様が寄こしてくれた」は不可。

採点例

もう一度男を見たい気持ちが強かったことから現実に帰ってくることは道理に合わず、例がないことだが帰ることができた。

③④のズレ-4

⑤無理を押して-2

4点

問四（8点）

＊①②の内容が出ていて、各4点。

①**4点** 火葬の時に燃やしたはずの、②**4点** 妻が臨終の時結んでいた元結いの紙が落ちていた点。

＊文末が「～点。」「～から。」などとなっていないものは、-1点。

語句チェック！（□は設問にかかわる語句）

□中比《なかごろ》＝そう遠くない昔。昔と近頃の中間の時期をいう。
□こころざし＝愛情。思い。
□相ひ具《あ》す＝連れ添う。
□あつかふ＝世話をする。看病する。
□限りなりける時＝臨終の（状態の）時。
□文＝手紙。
□とかくの沙汰などす＝あれこれの処置などをする。あれこれの事を執り行ったりなどする。
□雲烟《くもけぶり》となす＝火葬にする。
□跡《わざ》の事＝死後の供養。
□いかで～ん＝なんとかして～（し）たい。（「ん＝む」が願望の場合）
□生を隔つ＝この世とあの世に生きる場を隔てる。あの世に行く。
□来たり給へるぞ＝「来たり」は四段活用の動詞「来たる」の連用形。助動詞「たり」は尊敬語の補助動詞「給ふ」の上には来ない。
□うつつにて＝現実のこととして。現実の状態で。「うつつ」は「現」。「にて」は状態を表す助詞。
□ことわりもなく＝道理にはずれていて。あり得ないことで。「ことわり」は「理」。
□ためし＝例。前例。
□見まほしく＝見たく。逢いたく。見たいと。逢いたいと。「見＋まほしく」。
□覚えたる＝思わないではいられないでいる。しきりに思っている。「覚え＋たる」。
□ありがたき事を＝めったにないことを。
□わりなくして＝ここは「無理をおして」「無理に」。「わり」は「理《わり》」。
□ありし世＝以前。昔。
□さながら＝すっかりそのまま。
□焼きはふる＝「はふる」は「放る」で「捨てる」の意。
□きと（副詞）＝確かに・間違いなく。
□あるべき故もなし＝ありえるわけ（＝訳）もない。「べし」は可能推量。
□あやしく＝不思議に。

ここに着目しよう！

「文のありけるを」の「ける」のような連体形の用法（準体《じゅんたい》法《ほう》という）は、古文に頻出する。適切な解釈をするには欠かせない用法である。**準体法とは、活用語の連体形が「こと・人・時・の」などの名詞相当語を含む意味で用いられている用法**をいう。名詞節を作る。

2 『本朝美人鑑』 ■広島大学■

解答

問一 a 思いやり b 期待させた（＝当てにさせた・頼みに思わせた） c 音信（＝便り） d 殊勝で（＝感心で）

問二 (1) ア
(2) アは「相談する」の意。イ・ウは「男女が親しく付き合う」の意。

問三 ① 「忘ら」はラ行四段活用の動詞「忘る」の未然形。「るる」は受身の助動詞「る」の連体形。
② 「忘れ」はラ行下二段活用の動詞「忘る」の未然形。「られ」は受身の助動詞「らる」の連用形。

問四 右近を見初め、恋しくて忘れがたく思っていること。（24字）
（別解）右近が好きになり、忘れられなくなってしまったこと。（25字）

問五 A いつの間にか右近のもとへは訪れが絶えるようになったので、
B 時折便りをした（＝歌をおくった）ので、中納言もやはり右近を見捨てることは難しくて、

問六 (1) 中納言を恨み、憎たらしく思っていた気持ちが解消し、中納言を再びいとしく思うようになった。
(2) 中納言が「神に誓ってあなたを忘れない」と右近に心を込めて言ったから。

問七 相手から捨てられても恨むことなく、逆に自分を捨てた相手のことを心配するような思いになる（恋のあり方の）こと。

出典

『本朝美人鑑《ほんちょうびじんかがみ》』 江戸時代中期に成立した仮名草子。一六八七年頃の作。古代の伝説的な女性から中世の実在した女性まで、三六人の伝承が記されている。それぞれの女性の魅力を指摘する視点は異なるが、伝承の考証に力を入れている点に特徴がある。

本文の内容

右近という宮仕えの女房がいた。容貌も性格もすぐれ、歌人として有名な人だ。その右近を中納言が見初めた。右近も求愛を受け入れて、付き合うようになった。変わらぬ愛を固く誓ったものの、心変わりは人の習い、中納言は他に通うところができて、訪れは次第に間遠になる。右近は歌をおくる。その歌が中納言の心を打つ。右近のもとを訪れ、また神かけて愛を誓うが、ついに中

納言の足が途絶えてしまった。その悲しみの中で右近が詠んだ歌が素晴らしい。恋路の本望ともいえる内容の歌であった。

現代語訳

右近は、后の宮にお仕え申し上げた女房である。容貌が人よりも優れ、心はしっとりと落ち着いていて、和歌の分野で有名であった。

その頃、中納言である人がいたが、（右近の父の）季綱のもとにやって来ていた。学問・漢籍などを習うということで、長年通っていたが、いつの間にか右近を見初め、心が乱れて（右近を）忘れがたく思ったので、（右近と同僚の）后の宮に仕えるある女房に相談して、右近を見初めてから（恋い焦がれる思いで）心が乱れて忘れられないでいるということを（右近の）耳に入れた。右近も、「どうしよう」と思い迷ったけれど、「やはり、『いやだ』と言うのも、思いやりが少ない」と情けにほだされて（拒むことはできないと）思われたので、時々、人目を忍びながら（中納言と）親しく付き合（うようにな）った。

こうして、互いになじんでいくにつれて、やはり（中納言は右近のことが）見捨てがたく思われ、（後々まで絶えることなくと）しみじみと言い交わしたが、世の中の人は、心変わりをするのが常のことなので、（中納言は）また他に通う所ができて、いつの間にか右近のもとへは訪れが絶えるようになったので、（右近が）詠んでおくった（歌）。

思はむと……＝「あなたを愛し続けよう」と言って私に期待させた人は無事に過ごしていると噂に聞いています。あなたが言ったあの言葉はどこへ行ったのでしょう。

などと、時折便りをした（＝歌をおくった）ので、中納言もやはり（右近を）見捨てることは難しくて、ある夕暮れのしっとりとした趣のあるときに、（右近のもとに）やっていらっしゃった。右近はこれ以上ないほどうれしい様子で、一方では親しくし、その一方では恨んだりなどして、言葉の数も多くなった。

中納言も、はじめから深く（二人の仲を）約束したことなので、再びあらたまって「神かけて（あなたを）忘れない」などと、心を込めて情理を尽くしておっしゃったので、右近も機嫌が直って、「そういうことでしたなら（あなた様を）憎たらしいと思うこともございません」と言って、（また）親しくしていたが、ついには、中納言は、すっかり（右近のことを）忘れ果てて、便りもしなくなってしまった。

忘らるる……＝あなたに忘れられたわが身のことはなんとも思いません。（神かけてと）誓ったあなたの命が（失われるのは）惜しく思われることですよ。

と（右近は）詠んで、一人寝の枕は、涙でぐっしょり濡れたのであった。

およそ男女の仲の習いとしては、自分のことを愛さない人を恨んで（歌を詠んで）やるのが普通のことであるのに、この歌はそれとは反対に、忘れられた恨みは少しも言わず、その人が、「神かけて心変わりはしないつもりだ」と誓いながらも、今ではこのようにすっかり見捨ててしまったことに対して、「その神のお咎《とが》めもあって命も無くなってしまうだろう、そのことが、かえって気の毒に思われる」、と言いおくった言葉（＝歌）は、「まことに恋の道の本望であろう」と（人々は）言っている。

昔から恋の歌は多く世に知られているけれど、これらの言葉は、例がないほど殊勝でございますとか。

設問解説

問一（語句の意味）

a　男の申し出を「否」と言って断ることを、「情け少なし」といっているととに着目する。「思いやりが少ない」「情に欠けている」などの意味。

b　「頼め」が下二段の動詞である事に着目する。下二の「頼む」は使役動詞で、「頼みにさせる・期待させる・当てにさせる」の意味。男が女に愛情や訪れを期待させる意味で用いられることが多い。「し」は連用形接続の過去の助動詞「き」の連体形。

c　「おとづれ」の原義は音を立てること。ここから「音信」「訪問」などの意味が生じた。ここは「おとづれもせずなる」（「おとづれ」もしなくなる）とあるから、男女が付き合う際の最低限の行為である便りを出すこともしなくなったことを表している。

d　「やさし」は「身がやせ細るほどだ」の意味が原義。ここから、「つらい」「恥ずかしい」「しとやかで上品だ」「優美だ」「（慎みやたしなみがあって）殊勝だ・感心だ・けなげだ」などの意味が生じた。ここは右近の歌の、見捨てられた自分のことはさておいて中納言のことを気遣った歌の「言種」（言葉）を「やさし」といっているので、「殊勝だ」「感心だ」などが該当する。

問二（単語の意味の相違）

「語らふ」には、「語り続ける」の意味のほか、①語りかける②わけを話して頼む・相談する　③親しく交際するなどの意味がある。誰が誰に（あるいは、誰と誰が）「語らふ」のかに着目する。アは、中納言が右近に思いを伝える仲介を女房に「語らふ」のであり、イ・ウは右近が中納言と「語らふ」のである。この点からアとイ・ウは意味が違うことを判断する。アは②の意で、イ・ウは、③の男女が親密に交際することをいう。

問三（品詞分解）

①　「忘ら・るる」と品詞分解する。「忘ら」はラ行四段活用の動詞「忘る」の未然形。「るる」は受身の助動詞「る」（未然形接続）の連体形。

②　「忘れ・られ」と品詞分解する。「忘れ」はラ行下二段活用の動詞「忘る」の未然形。「られ」は受身の助動詞「らる」（未然形接

続）の連用形。四段と下二段の「忘る」の意味は同じ。

問四　（指示内容の把握）

「かかる由」は「こうであること」の意。「言ひ入る」（取り次ぎを通して耳に入れる）は、中納言が自分の気持ちを上仕えの女房を通して右近に伝えさせたことをいう。中納言が「右近を見そめ、心まどひて忘れがたく」思っていたことを伝えたことになる。ここの「心まどふ（＝心惑ふ）」は、激しく恋い焦がれることを表す。

問五　（現代語訳）

A　ここの「いつしか」は「いつの間にか」の意。「早く」の意味ではない。「かれがれになる」は、「離《か》れ離《が》れになる」で訪れが絶え間がちになることや絶えることをいう。

B　文脈に注意する。「折々」は「時折」「時々」の意。「おどろかす」は、ここでは「便りをする」の意で用いられている。手紙や歌などを（思いがけないときに）おくることから生じた意味である。右近が中納言に便りをした結果、中納言は、右近のもとに足が絶えていたことを、そのつど「おどろく」（はっと気がつく）わけである。「さすが」は「そうはいうものの・やはり」。「引き放つ」は、「手放す」「見捨てる」の意。

問六　（心情・理由の説明）

(1)　「顔の気色直る」は、顔の表情が元に戻るということで、「機嫌が直る」ことをいう。ということは、それまで右近は不機嫌な表情で中納言に接していたことになる。中納言の訪れが長く絶えていたからである。右近の心情を表している「かつは語らひ、かつは恨み」「さては憎さげなる所も侍らず」「親しみける」に注目しよう。「かつは」は「一方では」の意。

(2)　傍線部の前が、「已然形＋ば」となっていることに注目する。「～ので」などと後文の理由を表していることが多いからだ。中納言が「『神かけて忘れず』など、こまやかにことわり給へば」→「顔の気色直りつつ」。「こまやかにことわる（＝細やかに理る）」は心を込め、情理を尽くして言うこと。「断る」ではないことに注意。

問七　（説明）

ここの「本意」は「望ましいあり方」「理想」の意。作者が礼賛している右近の対応に注目して、答える。次の二点をまとめることになる。

①相手から捨てられても恨むことなく、
②逆に自分を捨てた相手のことを心配するような思いになる恋のあり方。

配点・採点基準 （計45点）

問一（各2点）

＊a「人情」は可。「愛情」は-1点。「風情」などは不可。b「頼みとした」「当てにした」は不可。c「訪問」不可。d「優しくて」「優雅で」不可。

問二（(1)＝2点 (2)＝3点）

＊(2)のアは、「わけを話して頼む」「言葉を掛ける」も可。イ・ウは、「親密になる」なども可。「結婚する」は1点。

問三（各3点）

＊活用の行「ラ行」が出ていないものは-1点。活用の種類「四段活用」などの間違いは-3点。活用形「未然形」などの間違いは-3点。品詞「動詞」「助動詞」が出ていないものは-2点。

問四（4点）

＊①②の内容が出ていること。各2点。

右近を見初め、（恋しくて）忘れがたく思っている こと。（①2点 ②2点）

右近が好きになり、忘れられなくなってしまった こと。（①2点 ②2点）

①「右近が恋しくて」も可。

②「恋しくて」の箇所は、なくても可。「取り乱す」は行動まで乱れることになるので不可。-2点。

＊文末が「～こと。」となっていないものは-1点。

問五（A＝4点 B＝5点）

A＊①～④の箇所で間違いがあれば、①は-1点、その他は各-2点。

①いつしか ②右近がもとへは ③かれがれになり ④ければ、

①「いつの間にか」が可。「いつか」「早く」は不可。

②「右近がもと」は「右近のもと」が可。

③「かれがれになる」は、「訪れが絶えるようになる（＝途絶えがちになる）」という意味が出ていること。「通わなくなった」も可とする。

④「～ければ」は「～たので」「～たから」が可。「～ところ」は-1点。

B＊①～④の箇所で間違いがあれば、①は-1点、その他は各-2点。

①折々 ②おどろかしければ、中納言も③さすが ④引き放ちがたくて、

①「時折」「時々」が可。「そのつど」も可。「たびたび」はニュアンスが違うので-1点。

②「（突然）手紙（＝歌）をおくったので」が可。「おどろかした（ので）」のままは-2点。

③「さすがに」は「やはり」が可。「さすがに」のままは-2点。

④「引き放ちがたくて」は「見捨て難くて」が可。「捨てられない」「放っておけなくて」も可とする。「引き離すことが難しくて」は不可。

採点例

時々言って寄越したので、
中納言もやはり放っておけなくて

5点

問六（(1)＝4点 (2)＝3点）

(1)＊①②の内容が出ていないもの、間違いは、各-2点。

①中納言を恨み、憎たらしく思っていた気持ちが解消し、②中納言を再びいとしく思うようになった。

①は「中納言の心変わりを恨めしく思っていたが」なども可。

(2)＊①が出ていないもの、-2点。②が出ていないもの、-3点。

①中納言が②「神に誓ってあなたを忘れない」と右近に心を込めて言ったから。

＊文末が「～から。」「～ので。」など理由説明の形となっていないものは-1点。

問七（6点）

＊①②の内容が出ていないもの、間違いは、各-3点。③は出なくても可。

①相手から捨てられても恨むことなく、②逆に自分を捨てた相手のことを心配するような思いになる③恋のあり方のこと。

＊文末が「～こと。」となっていないものは-1点。

語句チェック！（□は設問にかかわる語句）

□かたち＝容貌。

□ものなど習ふ＝ここは学問を習うことをいう。

□参り慣る＝「～慣る」は「～することを習慣とする」「いつも～する」の意。

□語らふ＝①語りかける ②わけを話して頼む・相談する ③親しく交際する ④語り続ける。

□かかる由＝このようであること。

□情け＝思いやり。

□心弱く覚ゆ＝気強くできなく思われる。情にほだされる。

□いつしか＝いつの間にか。「いつしか…願望」となっている場合は、「早く…したい（してほしい）」などの意味になる。

□かれがれになる＝訪れが絶え間がちになる。

□頼めし人＝期待させた人。当てにさせた人。頼りにさせた人。ここの「頼む」は下二段活用の使役性の他動詞。四段活用の「頼む」は「頼りにする」「期待する」の意。「し」は過去の助動詞「き」の連体形。

□おどろかす＝①（何かをして）はっと思わせる ②目を覚まさせる ③便りをする。

□引き放つ＝見捨てる。「引き離す」ではないことに注意。

□艶《えん》なり＝しみじみとした趣がある。

□まうで来たる＝やって来た。

□かつは＝一方では。
□今さら＝今さらに・あらためて。
□ことわる＝情理を尽くしていう。
□憎さげなる所＝憎たらしいと思うこと。
□おとづれ＝①音信　②訪問　③音を立てること。
□ひきかへて＝逆に。
□いとほし＝気の毒だ。
□言種《ことぐさ》＝①言葉　②口癖　③話題。
□やさし＝ここは「殊勝だ」「感心だ」の意。
□とかや＝とかいうことだ。「〜とかや言ふ」の省略形。「や」は詠嘆の間投助詞。

ここに着目しよう！

＊「頼む」には、**四段活用と下二段活用**がある。四段は現代語とほぼ同じ意味。**下二段に注意しよう。「頼みとさせる」「当てにさせる」「期待させる」という使役性の他動詞**である。

＊「いつしか」には、「いつのまにか」の意味と「いつしか…願望」で「早く…（し）たい」となる意味がある。ここでは該当しないが、後者は出題率が高いので注意する。

＊理由説明問題の時は、理由・原因を表す表現**「已然形＋ば」**が傍線部の前にあることが多い。その内容に注目する。

＊和歌を読む時は、**最初は「五・七・五・七・七」の順に、意味を取ろうとして読むことが大事**。古典和歌は、上から下に読んで意味が素直に通るのが重要とされた。意味が通じないとメッセージとして、また感慨を詠んだものとしての役を果たさない。はじめから掛詞や序詞などの修辞を意識して怖れて読んではならない。修辞の施されていない歌もあるのだから。

3 『今物語』

■信州大学■

解答

問一 得体の知れない（＝変な）法師が、このように馬鹿げた振る舞いをすることだ。

問二 どこの誰か分からない法師がやってきて、返事もしないで勝手に縁側に座っていたうえに、言葉をかけてきたから。

問三 (1)「こと（に）」は「琴（に）」と「殊（に）」の掛詞。「秋の風」に「秋風楽」の意を響かせている。

(2) 格別に身にしみるあなたの弾く秋風楽の琴の音《ね》ですねえ。聴いていますと、ことさらにしみじみと身にしみてくる秋の風です。

問四 イ

問五 西行であったのだろう。

（別解）きっと西行なのだろう。

問六 人を見る目がないうえ、連歌に詠み込まれた風流な内容も解さず、むやみに乱暴な挙に出る侍を仕えさせているのが、不愉快で情けなく思ったから。

出典

『今物語《いまものがたり》』 鎌倉時代中期の説話集。編者は藤原信実《のぶざね》と伝えられている。一二三九年以降の作。五三話からなり、和歌と連歌をめぐる話や貴族たちの恋愛譚などを擬古的な和文体で記している。

本文の内容

歌人の西行が伏見中納言のもとを訪れたが、中納言は外出して留守だった。西行は取り次ぎの侍の質問に応じることもなく、黙って縁側に腰を掛けた。そこに、秋風楽《しゅうふうらく》の琴の音《ね》が聞こえてきた。連歌の前句を詠み、弾き手に伝えるよう侍に頼む。侍は腹を立て、西行の頬を平手でひっぱたいた。ほうほうの体《てい》で西行が帰った後、中納言が帰ってきた。事の顛末を侍から聞く。中納言は即刻侍を追い出した。

現代語訳

伏見中納言といった人のもとへ、西行法師が、行って訪ねたところ、主人（の中納言）は外出していて行き違いになったので、（その家に仕える）侍が出てきて、「何の用事の法師か。」と言うのに、（西行が黙って）縁側に腰掛けて座っていたのを、「得体の知れない法師が、このように馬鹿げた振る舞いをすることだ」と思っている様子で、侍どもが睨んできたが、御簾の中で、

箏の琴で秋風楽をみごとに弾いているのを（西行は）聞いて、西行が、この侍に、

「一言申し上げたい。」

と言ったところ、（侍は西行を）「しゃくにさわる」とは思いながらも、立って近寄ってきて、

「何だ。」

と言うと、

「御簾の中（の方）に申し上げて下さい。」

と（西行は）言って、
ことに身にしむ……＝格別に身にしみるあなたの弾く秋風楽の琴の音《ね》ですねえ。聴いていますと、ことさらにしみじみと身にしみてくる秋の風です。

と言い出したところ、「しゃくにさわる法師の言い草よ」と思って、（西行の）頬を平手でひっぱたいてしまった。西行はほうほうの体で帰ってしまった。

後で、中納言が（外出から）帰った時に、

「このような馬鹿者がおりました。平手で叩きのめしてやりました。」

と、したり顔で語ったので、（中納言は）「西行であったのだろう、（殴ったとは）けしからんことだ」と思って、（侍のことを）やりきれなくお思いになった。

この侍を、すぐに追い出してしまったという。

設問解説

問一（現代語訳）
「けしかる」は「異様な・得体の知れない・不審な・あやしい」の意。形容詞「怪《け》し」から生じた連体詞。ここの訳としては、上に挙げたどの意味も当てはまるが、どこの誰とも分からない奇妙な僧を表したとすると、「得体の知れない・不審な」などが適切である。「の」は主格「が」の意味。「しれがましき」は形容詞「痴れがまし」の連体形で、「馬鹿げている・愚かな」の意。「しれがましきよ」は「痴れがましき（こと・ことをすること）よ」の意で解すといい。「よ」は詠嘆の意を表す助詞。

問二（理由説明）
「憎し」は、訳では現代語の「憎い」でとらえていいが、「しゃくにさわる・腹立たしい」といった意味を表す。ここは、侍が西行のどういう態度・行為に腹を立てたのかをとらえて説明することになる。次の三点になる。
①西行が名告《なの》ることも返事をすることもなく黙ったまま対応したこと。
②断りもなく勝手に縁側に腰を下ろして言葉をかけてきたこと。
③（突然）言葉をかけてきたこと。

問三（和歌の修辞・解釈）
連歌（短《たん》連歌「五・七・五」と「七・七」のやりとり。「七・七」から先に詠んでもいい）や和歌の解釈は、その歌がどのような状況

のもとで詠まれたかを踏まえることが重要。この連歌は、「秋風楽の琴の音を聞いて」詠みかけたものだから、「琴」「秋風楽」がなんらかの形で詠み込まれていることを推理する。

(1)「修辞」ということだが、どこまで答えればいいか判然としない設問である。「こと（に）」が「琴（に）」と「殊（に）」の掛詞であることの指摘は必要。「秋の風」に「秋風楽」の意味を響かせている（＝込めている）ことを、設問の要求している「修辞」と判断するか難しいが、(2)の解釈に関わるので入れておくのがよい。また、「琴」と「身」（琴の胴の部分を指す）は縁語と考えられるが、これは答えなくてもいいだろう。

(2)　ここの解釈は、「ことに身にしむ秋の風かな」（七・七）を、

①まず「殊に身にしむ秋の風かな」と、もう一方の修辞を使った内容「琴（の音）に→身にしむ秋風楽（の音）かな」とに分けて解釈すると分かりやすい。「かな」は詠嘆の終助詞。

②「殊に身にしむ秋の風かな」は、「格別に（＝ことさらにしみじみと）身にしみる秋の風ですねえ」となる。

③いま一方の「琴（の音）に→身にしむ秋風楽（の音）かな」の方は、「ことに」の掛詞「殊に」と「琴に」の両方を生かして、「格別に身にしみる（ほどすばらしい）秋風楽の琴の音ですねえ」と解釈できる。

④「秋風楽」を聴いて、弾いている人へ贈った歌であることを踏まえ、③を前に持ってきて、内容的に無理がないように②と繋げる。「格別に身にしみるあなたの弾く秋風楽の琴の音ですねえ。聴いていますと、ことさらに（しみじみと）身にしみてくる秋の風です。」となる。

ちなみに、侍は、表面的な②の内容「殊に身にしむ秋の風」しか理解できず、しかもそれを誤解して、「たいそう秋風が身にしみて寒い（中に入れてくれ）」と西行が言ったと取り、「こしゃくな僧が」と思って殴ったのである。

問四（内容把握）

侍が外出から戻った主人に誰のことを話題にしたかを考える。西行以外の人物はありえない。

問五（現代語訳）

「〜にてこそあり」の「に」は断定の助動詞「なり」の連用形。「て」は接続助詞。「〜にてあり」で「〜である」の意を表す。「つ」は完了・強意（確述）の助動詞「つ」の終止形。「らめ」は現在推量の助動詞「らむ」の已然形（係助詞「こそ」の結び）。

「〜つらむ」は、「①きっと〜ているだろう　②〜てしまっているだろう　③きっと〜なのだろう　④〜たのだろう」③④は、理由・原因・現在でも揺るぐことのない事実を推量している場合）」などの意味を表す。完了・強意の「つ」が現在推量の助動詞「らむ」に付いているにもかかわらず、④のような意味を発揮することに注意する。完了の助動詞「つ」「ぬ」が推量系の助動詞に上接して完了の意味を表すのは、この「らむ」に上接した場

合だけである。「む」「べし」など他の推量系の助動詞に付いた場合は、「〜た」とはならず、強意の意となる。この点に注意する。

ここは、「西行という人物であろう」という現在でも揺るぐことのない事実を推量しているのだから、③④が該当し、「きっと西行なのだろう」「西行であったのだろう」となる。

問六（理由説明）

侍が西行にどのように対応したかをとらえ、それに対して中納言がどういう気持ちを抱いたために追い出すことにしたのかを読み取る。

①西行をそれなりの人物と見抜くことができなかった。↓人を見る目がない。

②連歌に詠み込まれた風流な内容を理解できなかった。

③殴るという行為に出た。

④そのようなことを中納言は「心憂がられけり」（「心憂がる」は「心憂く」（不愉快でやりきれなく・情けなく）思ったこと。「れ」は尊敬の助動詞）。

配点・採点基準 （計30点）

問一（4点）

＊①②の箇所、各2点の配点。

けしかる法師の（①2点）、かくしれがましきよ（②2点）。

①「けしかる」は「異様な」「得体の知れない」「不審な」「あやしい」などが可。間違いは-2点。「けしからん」は不可。「の」は「が」とするのがいいが、「の」のままでも可。

②「しれがましき」は「馬鹿げていること」「愚かな振る舞いをすること」が可。「図々しい」は-1点。「よ」は「だよ」「だなあ」などが可で、間違いは-1点。

問二（5点）

＊①〜④の内容が出ていないもの、また間違いは、各-2点。表現が違っていても内容が合っていれば可。

①どこの誰か分からない法師がやってきて、②返事もしないで ③勝手に縁側に座っていたうえに、④言葉をかけてきたから。

①「西行が」とだけ答えたもの、表現不足で-1点。「得体の知れない法師が」「みすぼらしい法師が」は可。

＊文末が「〜から。」「〜ので。」など理由説明の形となっていないものは-1点。

採点例

中納言のいない間にたずねてきた西行に、何の用か尋ねたが
答えてもらえず、縁に腰かけていたから。

（①の表現不足-1　誰が-1　④なし-2　1点）

問三（⑴＝4点 ⑵5点）

⑴＊「こと」「秋の風」の箇所、各2点。

⑵＊①〜④の内容が出ていないもの、また間違いは、各-2点。カッコ

内の内容は出ていなくても可。

①格別に ②身にしみる（あなたの弾く）③秋風楽の琴の音ですねえ。④（聴いていますと、）ことさらに（しみじみと）身にしみてくる秋の風です。

③「あなたの弾く」は出ていなくても可。「すばらしい」などを「秋風楽の」の前後に入れても可。

④は「聴いていますと」「しみじみと」は出さなくても可。

問四（3点）

問五（3点）

＊①②の箇所で間違いがあれば、各-2点。

①西行にてこそあり ②つらめ。

①「にてこそあり」は「である」となっていること。

②「〜つらめ」は「〜たのだろう」「きっと〜であろう」。「きっと」がないものは-1点。「ようだ」「今頃〜だろう」は不可。

問六（6点）

＊①〜④の内容が出ていないもの、間違いは、各-2点。

①人を見る目がないうえ、②連歌に詠み込まれた風流な内容も解さず、③むやみに乱暴な挙に出る侍を仕えさせているのが、④不愉快で情けなく思ったから。

＊文末が「〜から。」「〜ので。」など理由説明の形となっていないものは-1点。

語句チェック！（□は設問にかかわる語句）

□侍＝ここの「侍」は、貴族の屋敷に仕え、雑用に従う者。

□何事いふ法師ぞ＝「どんな用事の（ある）法師か」の意。

□けしかる法師＝「けしかる」は「異様な・得体の知れない・不審な・あやしい」の意。

□しれがまし＝馬鹿げている。馬鹿げた振る舞いだ。形容詞「痴れがまし」。

□申させ給へ＝申し上げて下さい。「せ」は尊敬語の助動詞「す」の連用形。

□かかるしれ者こそ候ひつれ＝「しれ者」は「痴れ者」で「馬鹿者」の意。「候ひ」は丁寧語。「います・おります」の意。

□張り伏せ候ひぬ＝「候ひ」は丁寧語の補助動詞。

□〜にてこそありつらめ＝〜であったのだろう。「に」は断定「なり」の連用形。「〜つらめ」は問五の解説参照。

□ふしぎのこと＝想像を絶すること・考えられないこと・けしからぬこと。

□心憂《う》がる＝やりきれなく思う。嘆かわしく思う。

□やがて＝すぐに。

ここに着目しよう！

＊**「〜に＋助詞＋あり」**とあって、文意が「**〜である**（＋助詞の意）」となるとき、**「に」は断定の助動詞「なり」の連用形の「に」**である。「**〜にや**」「**〜にこそ**」とだけ表して、続く「あり…」の箇所を省略して表すこともある。「あらむ」「ありけむ」（「〜にこそ」の場合は「あらめ」「ありけめ」）などを入れてみるといい。識別の出題が多いので注意しよう。

＊連歌（短連歌）は、一人が「五・七・五」（あるいは「七・七」）と詠んで、それに別の一人が「七・七」（あるいは「五・七・五」）と詠む形式の歌である。短歌よりも形式張らないだけ、機知に富んだ贈答に使われることが多い。比喩や掛詞などを使ってウィットを込めることが多い点に注意すること。

＊「ことに」に「殊に」と「琴に」の意味が込められているように、一般に二重の意味（三重の意味の場合もまれにある）が込められているのを掛詞という。「あき」には「秋」と「飽き」、地名「逢坂」には「逢ふ」が掛けられることが多いが、このような技法を見抜くには、

①代表的な掛詞にはどういうものがあるかを掛詞を表にしたものなどでチェックしておく。

②歌の読みを通して、「**心情・人事を表す言葉**」と「**景・景物・もの・地名を表す言葉**」の二つの意味を絡めた箇所を見抜く練習をしておくことである。

難しすぎる掛詞が出題されることはない。

〈主な掛詞〉

あかし	明石《あかし》（地名）	明かし
あき	秋	飽き
あふ	葵《あふひ》・逢坂《あふさか》・近江《あふみ》	逢ふ・逢ふ日・逢ふ身
あま	天・海人《あま》	尼
あらし	嵐	あら／じ（＝ないだろう）
いく	生野（地名）	行く・生く
いは	岩	言は（ず）・言は（じ）
いる	入る	射る
うき	浮き	憂き
うら	浦・裏	心《うら》
うらみ	浦廻《うらみ》・浦見	恨み
かる	枯る・刈る	離《か》る
きく	菊	聞く
すみ	澄み・住江《すみのえ》・住吉《すみよし》	住み
そる	逸《そ》る	剃る
ながめ	長雨《ながめ》	眺め
なかる	流《なが》る	泣か／る（「る」は自発の助動詞）
なき	無き	泣き
なみ	波・無み（＝無いので）	涙
ひ	火・日	思ひ・恋ひ
ふみ	文	踏み
ふり	降り	古り
ふる	降る	経る・古る
まつ	松	待つ
みるめ	海松布《みるめ》（＝海藻の名）	見る目（＝逢うこと・逢瀬）
もる	洩る・漏る	守る
よ	節《よ》	夜《よ》
よる	縒《よ》る・寄る	夜《よる》

※主として、右側が《景》としての意味、左側が《情・人事》としての意味で用いられる。

※二つの語句の清濁の違いは許容される。（例）「泣《な》かる」と「流《なが》る」

4『大和物語』

■熊本大学■

解答

問一 ① 帝 ② 橘の良利

問二 ア 仏道修行をなさった。

ウ 詠むことができなくなってしまった。

問三 1 醍醐天皇

2 宇多法皇が、きちんとした護衛もなく各地の寺院を巡り歩いていることを危険に思ったから。

問四 〈「て」の活用形〉連用形

問五 ⑴ 故郷の家族が旅寝の夢に現れたこと。

〈助動詞〉「つる」 〈活用形〉連体形

⑵ 出家した後、一度も家族のもとを訪ねていなかったから。

出典

『大和物語《やまとものがたり》』 平安時代一〇世紀半ばに成立した歌物語。作者不詳。一〇世紀初めに成立した『伊勢物語』の後に成立した歌物語で、様々な歌をめぐる話からなる。宮廷や貴族の間に伝わる話が多いが、信濃の国の「姨捨《おばすて》伝承」など地方に伝わる話も収載している。

本文の内容

宇多天皇が退位して、翌年出家した。橘の良利（＝橘良利）という者も出家し、宇多法皇（＝宇多院）の側から離れることなく各地を修行して歩いていた。そのような法皇の外出を心配して、醍醐天皇が少将や中将を護衛につけたが、法皇は離れて歩いた。日根と言うところに宿泊した夜、法皇のひっそりとしている様子を悲しく思っていた良利は、法皇の命に従って歌を詠んだ。その歌が、一緒にいた人々の心を打ち、誰も後に続けて詠むことができなくなってしまった。

現代語訳

宇多天皇が退位なさって、翌年の秋、（宇多院は）ご剃髪なさって、あちらこちらの山寺や霊山を歩きまわりなさって、仏道修行をなさった。備前の掾であって、橘の良利といった人は、宇多院がまだ宮中に（天皇として在位して）いらっしゃった時、殿上の間にお仕えしていた人で、（宇多院が）ご剃髪なさってしまったので、すぐに（自分も）お供して、剃髪してしまった。誰にも知られなさらないで、歩きまわりなさる（宇多院の）お供として、この良利は（院に）お遅れ申し上げることなく、（お側にぴったりと）お仕えしていた。

「（院が）このようなご外出をなさるのは、たいそうよくないことだ」と言って、内裏（＝醍醐天皇）から、「少将・中将、だれそれ、

（院に）お仕えしろ」と言って、（少将や中将を）差し上げなさったけれども、（院は彼らと）別々に歩きまわりなさる。和泉の国に到着して、日根というところにいらっしゃる夜があった。たいそう心細そうで、ひっそりとした様子で（院が）いらっしゃるのをあれこれ思って（良利は）たいそう悲しく思った。

そうして、「日根ということ（＝言葉）を歌に詠め」と、院のお言葉があったので、この良利が、

ふるさとの……＝故郷の者が、旅寝の夢に見えたのは、故郷の者が私のことを恨んでいるのだろうか。（出家した後）一度も訪ねていないので。（「たびね」の箇所に地名「日根」が詠み込まれている。このように動植物の名や地名を歌中の言葉の中に隠すように詠み込む技法を「物名《もののな》＝隠題《かくしだい》」という。物名は、清濁の違いは問題にしない。）

と詠んだところ、その場にいた人たちは皆泣いて、（後に続けて）歌を詠むことができなくなってしまった。その（良利の）法名を寛蓮大徳と言って、（良利は）後々まで宇多院にお仕えしたという。

設問解説

問一（主体把握）

冒頭から傍線部までの間に話題に上っている人物は、宇多天皇（法皇）と橘の良利だけであることに注目する。

①「おはします」は尊敬語で「いらっしゃる」などの意を表す。尊敬語は主体（主語に当たる人物など）への敬意を表すから、「内裏におはしましける時」とは、宇多院（天皇が退位すると「上皇」、出家すると「法皇」と呼ばれる。「上皇」「法皇」の敬称が「院」）がまだ天皇として内裏にいたときのことを話題にしていることになる。

②「さぶらふ」は謙譲語。「殿上」は「殿上の間」を指し、天皇のおそばに「仕えていた」ことを表している。ここまでの話で、「仕えていた」人物は、良利以外は考えられない。ちなみに、良利は官位が低く殿上人《てんじょうびと》ではなかったが、碁《ご》に秀でており、天皇の碁の相手としておそばに仕えていたとされる。

問二（現代語訳）

ア 仏道に関係する「行ふ」は、「仏道修行をする・勤行する・仏前に仕える」などの意味で用いられる。ここは「ところどころ山ぶみしたまひて」（「山ぶみ」は「山踏み」で、山々の寺院をめぐること）とあるから、「仏道修行をする」の意。

「たまひ」は尊敬語の補助動詞。宇多法皇への敬意を表している。

ウ 「え〜ずなる」は「〜することができなくなる」の意。「え〜ず」の「え」は副詞、「ず」は助動詞「ず」の連用形で、「〜することができなく」という不可能の意味を表し、それに動詞「なる」（成る）を続けた表現。「〜にけり」の「に」は完了の助動詞「ぬ」の連用形。「〜にけり」で「〜（し）てしまった」「〜（し）た」の意味を表す。

問三（人物把握・理由説明）

1

①「かかる御歩き…」とて（＝と言って・とおっしゃって）
　　↓
②内裏より、「少将、中将…さぶらへ（＝法皇にお仕えしろ）」とて
　　↓
③奉れたまひけれど（＝少将、中将を差し上げなさったけれど）

とあることに注目する。「内裏より」は「内裏から」の意で、「内裏」は朝廷を指すが、そのトップは天皇である。ここは天皇が少将や中将に命じた箇所となる。答えは醍醐天皇となる。

2 少将や中将を法皇に仕えるように、醍醐天皇がなぜ命じたのかを考える。少将・中将が武官であることに着目する。武官を仕えさせたことから、法皇の身の安全を守る護衛として派遣したことが分かる。

問四（助動詞の識別）

「て」という語形を持つ助動詞は完了の「つ」の未然形か連用形である。Aは連用形接続の過去の助動詞「けり」が下接しているので連用形。「つ」を使っている他の箇所は歌の中の「つる」だけで、「つる」は連体形。

問五（理由説明）

どちらも歌の解釈をして答えることになる。この歌の文構造が、「ふるさとのたびねの夢に見えつるは、恨みやすらむ。またと問はねば」となっていることを、「〜は〜や〜らむ」といった話題提示の「は」と係り結び「や〜らむ」に注目してつかむ。

①「ふるさとの」の箇所は、「の」を「故郷が」と取るか、「故郷の旅寝」と取るか判断を迫られる。ここが難しい。

「故郷が」と取れば、「故郷（の者）が→夢に見えつる」と係り受けがはっきりし、意味の整合性が成り立つ。「故郷の旅寝」と取ると、「日根」が良利の故郷となるが、そのことはまったく本文でも注でも触れられていないので、あやしい解釈になる。また、何が「夢に見え」たのかも判然としない。よって、「の」を「が」の意味の格助詞で解するのが妥当となる。

②「たびねの夢に見えつるは」は、「旅の夜の夢に見えたのは」と同意。連体形「つる」は名詞の意味を含み持つ準体法。

③「恨みやすらむ」は、「（故郷の者が）恨んでいるのだろうか」の意。「や〜らむ」と係り結びになり、「らむ」の箇所で「句切

れ」となる。句点を打って解釈するといい。

④「またと問はねば」は「(出家の後)一度も訪ねていないので」の意。「問ふ」は「訪ねる」「音信をする」などの意。夢に見えたことの理由を述べている箇所である。

以上から、この歌は、「故郷の者が、旅寝の夢に見えたのは、故郷の者が私のことを恨んでいるのだろうか。(出家した後)一度も訪ねていないので」となる。

当時の夢解釈には二通りあり、一つは、相手がこちらのことを思っているので夢に現れるというのがある。ここもそのような夢解釈に基づいた表現になっている(いま一つの夢解釈は、現在と同じように自分が相手のことをあれこれ思っているから夢に見るというもの)。

答えは、(1)は「故郷の家族が旅寝の夢に現れたこと。」となり、(2)は「出家した後、一度も家族のもとを訪ねていなかったから。」となる。

配点・採点基準　(計30点)

問一(各2点)

＊①「文中の語を用いて」とあるので、「帝」が正解。「宇多天皇」「宇多上皇」「宇多法皇」は不可。

＊②「橘の良利」「良利」が可。「良利大徳」「寛蓮大徳」も可とする。

問二(各4点)

ア＊①～③の箇所で間違いがあれば、各-2点。

行ひ①　たまひ②　けり③。

①仏道修行の意味が出ていること。「勤行をする」も可。「修行をする」「神仏修行をする」は-1点。

②「たまふ」の尊敬が出ていないものは不可。

③「けり」の過去の意が出ていないものは不可。

ウ＊①～③の箇所で間違いがあれば、各-2点。

えよまず①　なり②　にけり③。

①「え～ず」の不可能の意味「～することができなく」が出ていないものは不可。

②「～ずなる」は「～しなくなる」「～せずじまいになる」などが可。「できなかった」などは不可。

③「にけり」は「てしまった」「た」「たことだ」が可。間違いは-2点。

問三(1＝2点　2＝4点)

1＊「内」「内裏」は不可。

２＊①〜④の内容が出ていないもの、間違いは、各-2点。

①宇多法皇が、②きちんとした護衛もなく③各地の寺院を巡り歩いていることを④危険に思ったから。

②「きちんと」がなくても可。

③④は内容が合っていれば表現が違っても可。③「山で修行する」は表現不足で-1点。

＊文末が「〜から。」「〜ので。」など理由説明の形となっていないものは-1点。

採点例

宇多が人に知られず山で修行するのは不用心だと思ったから。

法皇 -1　-2（②なし）　-1　0点

問四（各２点）

＊「つる・連体形」は両方合っていること。「連用」「連体」とだけ答えたものは-1点。

問五（各４点）

(1)＊①②の内容が出ていないもの、間違いは、各-2点。

①故郷の家族が②旅寝の夢に現れたこと。

①「故郷が」も可。

②「旅寝」を入れないで、ただ「夢」と答えたものも可。「現れた」は「見えた」も可。

＊文末「〜こと。」などとなっていない場合は-1点。

(2)＊①②が出ていないもの、間違いは、各-2点。

①出家した後、②一度も家族のもとを訪ねていなかったから。

②は「故郷を訪れていない」も可。

＊文末が「〜から。」「〜ので。」など理由説明の形となっていないものは-1点。

語句チェック！（□は設問にかかわる語句）

□おりゐる＝「下り居る」で、天皇などが退位することをいう。
□またの年＝翌年。「またの日」は翌日。
□御ぐしおろす＝剃髪する・出家する。「御ぐし」は「御髪」。
□山ぶみ（＝山踏み）＝山々の寺院をめぐること。
□行ふ＝仏道修行をする。勤行する。仏前に仕える。
□内裏《うち》におはします＝内裏に天皇としていらっしゃる。
□殿上にさぶらふ＝殿上の間に仕えている。「候ふ」は謙譲語で「お仕えする・伺候する」の意。
□やがて＝すぐに。
□かしらおろす＝剃髪する・出家する。
□歩《あり》きたまうける＝「たまう」は「たまひ」のウ音便。
□おくれたてまつらでさぶらひける＝（院に）お遅れ申し上げないで（おそばに）お仕えした。「未然形＋で」の「で」は、打消の接続助詞で「〜しないで」の意。

□歩き＝外出。外を歩きまわること。
□さぶらへ＝お仕えしろ。謙譲語の命令形。
□奉れたまひ＝ここの「奉れ」は下二段活用の「奉る」の連用形。「奉る」には四段活用もある。
□たがひつつ歩く＝別々に歩く。
□かすかにて＝ひっそりとした様子で。「かすかに」は形容動詞「かすかなり」の連用形。
□日根《ひね》といふこと＝「こと」には「言」と「事」の意がある。ここでは「言」の意に良利はとって歌を詠んだのである。
□えよまずなる＝詠むことができなくなる。「え〜ず」は不可能の意。「え〜ずなる」の「なる」は、動詞「成る」。
□のちまでさぶらひける＝後々まで（院に）お仕えした。

ここに着目しよう！ 〜敬意の方向〜

◎尊敬語（主体敬語ともいう）**「主語」（誰それが）に当たる人物や神仏などへの敬意**を表す。
◎謙譲語（客体敬語ともいう）**「目的語・補語」（誰それに・誰それをナド）に該当する人物や神仏などへの敬意**を表す。
◎丁寧語（対者敬語ともいう）
会話文では**「聞き手」への敬意**を表す。
地の文では**「読み手」への敬意**を表す。
＊物名《もののな》（＝隠題《かくしだい》）は、動植物の名や地名を歌中の言葉の中にさりげなく隠すように詠み込む技法をいう。掛詞に似ているが掛詞とは違う技法。
＊夢の解釈は二通りあるが、解説で説明した①に注意する。
①**相手がこちらのことを思っているので夢に現れると解釈するもの。**
②現在と同じように自分が相手のことをあれこれ思っているから夢に見るというもの。

■筑波大学■

解答

問一 ア　母后（＝后の宮）
イ　息子の朱雀天皇が、立派に天皇の位についている様子。

問二 母上は東宮が天皇の位につくのが待ち遠しく早くそうなるようにお思いになっているのであるなあ。

問三 遠い将来の東宮の即位のことを楽しみに思って朱雀天皇に言ったのに、天皇が誤解してすぐに譲位してしまったから。

問四 ア　A　成明親王が天皇に即位したこと。
B　朱雀天皇が退位したこと。
イ　朱雀天皇の退位を悲しんで涙を流している様子。

出典

『大鏡《おおかがみ》』平安時代後期の紀伝体で書かれた歴史物語。一一〇〇年前後の成立。作者未詳。八五〇年の頃からほぼ一八〇年間にわたる歴史を、藤原道長の栄華を中心に、老人たちが語る形式で展開する。史的エピソードが述べられている箇所は、老人たちが話している会話文である。女性の書いた『栄花物語（栄華物語）』に続いて書かれた歴史物語で、男性が書いた「四鏡」（大鏡・今鏡・水鏡・増鏡）の最初の作品。

本文の内容

朱雀院という方がいた。その朱雀院が天皇を退位するときの経緯が、たいそう奇妙であった。母后の言葉を誤解して、退位してしまったのであった。譲位の日、院と母后との間で贈答歌が交わされたという。

現代語訳

そしてまた、朱雀院もすぐれていらっしゃるとは噂されていらっしゃったけれども、将門の乱などが起きて、憂慮してお過ごしになっていたうちに、間もなく譲位なさってしまったことですよ。その（ご譲位の）ときの経緯は、たいそう奇妙でございました。

（朱雀院が）母后の御所へお出ましになったのを、（母后は）「このような（帝として立派にしていらっしゃる）ご様子は、（わたしの）望みどおりで、すばらしく嬉しいことです」などと申し上げなさって、「あとは、東宮（の成明親王）をこのような（帝の位についた）お姿で拝見申し上げたいものですねえ」と申し上げなさったのを、「（母上は東宮が天皇の位につくのが）待ち遠しく早くそうなるようにお思いになっているのであるなあ」と（院は）お思いになって、間もなく（帝位を）お譲り申し上げなさったが、（母の）后の宮は、「そのように思って申し上げたわけではなかったことなのに。ただ遠い将来の（即位の）ことを思っただけなのに」とおっしゃって、ひどくお嘆きになった。

そうして、退位なさった後、（院に仕えていた）人々が嘆き悲しんだのを（院が）ご覧になって、朱雀院から后の宮へ申し上げなさった歌、御譲位の日、

日のひかり…＝日の光が新たに現れて加わる今日の日に、時雨《しぐ》れているのは、どの方角の山辺でしょうか。あなたのお子様が新帝となって帝の列に加わる今日の譲位の日に、涙を流して悲しんでいるのは、どの人の辺りでありましょうか。（「院の御所」である「仙洞御所」を「藐姑射山《はこやのやま》」（仙人の住む山）ということから、「山」は自分の御所をほのめかしていっていることになる。）

后の宮のご返歌は、

白雲の…＝白雲がおりている方、つまり譲位をなさったお方のあたりが時雨れているのでしょう。「同じ御山の縁」という父醍醐天皇の高い血を分けたご兄弟でありながらも。

など（であった）と知れわたりました。

設問解説

問一 （主体把握と指示内容の説明）

ア 朱雀天皇か母后かとなるが、傍線部の後に「奏せさせたまひて」とあるのだから、朱雀天皇が母后のもとを訪れた際、母后が朱雀天皇に申し上げたことになる。「奏す」は、天皇や院に「申し上げる」の意の謙譲語。

イ 意味は「このようなご様子」。ここの「御」は向かい合っている人物への敬意を表し、「このようなあなた様の様子」という意味になる。設問アから母后の朱雀天皇への発言と分かるので、朱雀天皇が（立派に）天皇の位についている様子をいっていることになる。

問二 （現代語訳）

①「心もとなく」は、形容詞「心もとなし」の連用形で「待ち遠しく」「じれったく」の意。「（東宮が天皇の位につくことが）待ち遠しく」となる。

②「急ぎ思し召しける」は「急いで（そうするように）お思いでいらっしゃった」の意。補いの「そうする」は、「東宮が即位するように」の内容になる。

③「ことにこそありけれ」は、「に」が断定の助動詞「なり」の連用形、「けり」は気づき・詠嘆の意で、「ことでいらっしゃる（＝いらっしゃった）のだなあ」の意。

問三 （理由説明）

①「さも思ひても申さざりしことを。ただゆく末のことをこそ思ひしか」と言って嘆いたとあるので、この箇所に理由が示されていると考える。

②ここの「さも思ひても申さざりし」は逐語訳をすると、「その

ようにも思っても申し上げなかった」となるが、文脈から「そのように思って申し上げたのではなかった」の意に該当する。「そのように」は「すぐに譲位するように」の内容になる。

③「ただゆく末（＝遠い将来）のことをこそ思ひしか」は「ただ（遠い）将来のことを思ったのに」となり、「遠い将来に東宮が天皇に即位することを思って言ったのだ」ということになる。

以上から、母后としては、遠い将来の東宮の天皇即位のことを楽しみに思って言ったのに、朱雀天皇が誤解してすぐに（←「ほどもなく」）譲位してしまったために嘆いたことが判明する。

問四（比喩内容）

この贈答歌が、「国譲りの日」（譲位の日）に詠まれたことに注目する。

ア　A「日のひかり出でそふ」の「そふ」は「添ふ」で「加わる」の意。「太陽（の光）」は天皇を象徴し、その喩えとして用いられる。ここは「天皇として加わる」ということになるから、弟の東宮が新たに天皇の列に加わったことを表している。

B「白雲のおりゐる」は「おりゐる」（下り居る）に注目する。ここは「退位する」意味が掛けられている。

イ「しぐる」は時雨《しぐれ》（晩秋から初冬にかけて降る雨）が降ることをいうが、涙を流していることの比喩にも用いられる。「おりさせたまひて後、人々の嘆きけるを御覧じて」に注目して答える。

配点・採点基準　（計30点）

問一（ア＝3点　イ＝5点）

イ＊①の内容が出ていないもの、間違いは、-2点。②ができていないものは全体0点。

①息子の朱雀天皇が、②（立派に）天皇の位についている様子。

①「息子の」はなくても可。②「立派に」はなくても可。

＊文末が「～様子。」となっていないものは-1点。

問二（6点）

＊①～⑤の箇所で間違いがあれば、-2点。

①母上は東宮が天皇の位につくのが②待ち遠しく③早くそうなるように④お思いになっているの⑤であるなあ。

②「心もとなく」は「待ち遠しく」の意。「不安に」などは不可。

③どうなることを后が「急ぎ」「思し召しける」なのかを出す。①に「東宮が天皇に即位する」内容が出ていれば、「そのように」などとしても、可。

④は尊敬表現が出ていないものは不可。

⑤「にこそありけれ」は「であるなあ」「であった（よ）」が可。「にあった」は不可。

採点例

東宮のことが心配で、早く即位してほしいとお思いになっていたのだなあ。

母上は ①-2　②-2　2点

問三（6点）

＊①〜③の内容が出ていないもの、間違いは、各-2点。

①遠い将来の東宮の即位のことを（楽しみに）思って②朱雀天皇に言ったのに、③天皇が誤解してすぐに譲位してしまったから。

①「楽しみに」はなくても可。

＊文末が「〜から。」「〜ので。」など理由説明の形となっていないものは-1点。

問四（ア＝各3点　イ＝4点）

イ＊①②の内容が出ていないもの、間違いは、各-2点。

①朱雀天皇の退位を悲しんで②涙を流している様子。

語句チェック！（□は設問にかかわる語句）

□優《いう》に＝優美で・風雅で・すばらしくて。形容動詞「優なり」の連用形。

□怖《おそ》れ過ごす＝憂慮して過ごす。

□代はる＝帝位を譲る・譲位する。

□あやし＝奇妙だ・不思議だ。

□行幸＝天皇が外出すること。

□思ふやうに＝望み通りで。

□奏す＝天皇や院に「申し上げる」意の謙譲語。天皇か院へ申し上げる場合にだけ用いられるので、絶対敬語という。

□心もとなく＝待ち遠しく。

□急ぎ思し召す＝急いでそうなるようにお思いになる。

□譲り聞こえさせたまひけるに＝「聞こえ」は東宮（成明親王）への敬意を表す謙譲語の補助動詞。「させ給ひ」は朱雀天皇への敬意を表す二重敬語。客体（東宮）への敬意と主体（朱雀天皇）への敬意を表す二方面敬語になっている。

□おる（下る）＝退位する。

□国譲りの日＝譲位の日。

□同じ御山《みやま》のゆかり＝同じ天皇の血を分けた兄弟。「山」は高いので、ここは「御」をつけて高い位の人物である天皇の比喩になっている。兄弟の父である醍醐天皇を指す。「ゆかり」は「縁」の意で、ここは「兄弟」であることを示す。

□聞こえはべりし＝ここの「聞こえ」は「噂になる」「知られる」「知れわたる」などの意。謙譲語ではない。

ここに着目しよう！

歌中の比喩表現は、歌を解釈する上で最も大事なものである。たとえば「花」が美しい女性を喩えたりするようにである。「日」（太陽）は帝王の比喩、「しぐれ（時雨）」は涙の比喩であることをつかむ。「露」も涙や、「露の世」「露の命」など、はかないもののたとえとして用いられた。

6 『曽我物語』

■富山大学■

解答

問一 鎌倉中がいつものように大騒ぎをして、二人が切られる様子を見ようと刑場に大勢の人が集まっている様子。

問二 母上（＝母）

問三 ③ 最後まで言うこともできないで、涙で声をつまらせて、深く嘆き悲しむ様子が見られた。

⑨ 見物をしていた身分の高い者も低い者も、「もっともだなあ。幼い時から育てて可愛がりなさっているので、さぞかし、かわいそうに思っていることだろう」と同情しない者はいなかった。

問四 そのように母上や乳母を思い出すから、未練の気持ちが生じるのだ。「ただきっぱりと覚悟しろ」と母上が教えて下さったことを、お忘れになったのですか。

問五 ⑤ 候へ ⑥ べき ⑦ 候へ

問六 兄弟を切る場合、年長の兄から切るのが順当であり、弟を先に切るのは順番が逆だということ。

問七 ウ・オ

出典

『曽我物語《そがものがたり》』 室町時代初期の軍記物語（英雄物語とも）。一四世紀後半から一五世紀初めの成立。作者不詳。曽我十郎（一萬《いちまん》）・曽我五郎（箱王《はこおう》）の父親の敵討ちを主題とした物語。後の能や歌舞伎に素材を提供し、芸能として盛んに演じられた作品である。

本文の内容

曽我兄弟の一萬と箱王が斬首の刑に処せられるため、景季《かげすえ》の屋敷から由比の浜に連れ出された。浜には大勢の見物人が集まっていた。叔父の曽我太郎祐信《すけのぶ》が付き添っていて、兄弟に母への遺言を尋ねる。兄の一萬が遺言を託したあと、弟の箱王が涙で声を詰まらせてしまった。一萬がたしなめる。箱王も自分を取り戻し、毅然と死を迎える覚悟をする。叔父の祐信はこれを見て安心して、兄弟に最後の言葉を掛け、仏に祈ることを勧めた。ところが、切る段になって、斬首役の堀彌太郎《やたろう》が動揺する。それを見ていた祐信が、見るに見かねて太刀を譲り受けて切ろうとするが、目がくらんで切ることができず、太刀を捨てて、心中の思いを訴えた。それを聞く者で心を動かさない者はいなかった。

現代語訳

しばらくして、景季がやって来て、「（予定の）時刻になりました」と言ったので、祐信は、彼ら（一萬と箱王）を出発させ、由比の浜へと出た。今にはじまったことではない鎌倉中の人たちの大騒ぎを好む様《さま》は（この上もなく）、「彼らが切られる様子を見物しよう」ということで、門前に市をなすごとく大勢の人が集まっている。源太（＝景季）の屋敷も、浜に向かって遠くない所にあったので、歩み行くうちに、刑場にますます近づき、（二人の）命も最期を迎える時になってしまった。すでに敷皮を敷いていて、二人の兄弟は、（その斬首の場所に）姿勢を正して座った。今朝までは、「いくらなんでも、源太が（鎌倉殿＝頼朝に）お願いして助けてくれるかもしれない」と当てにしていた思いもすっかり無くなり、彼らに向かって（祐信が）申したことは、「母上の方に（伝えてほしいと）思い残していることはあるか」と尋ねる。（兄の一萬は）「ただ、何事もお察し下さいまして、（母上に）おっしゃって下さい。ただし、『最期は、（母上が）お教え下さいましたように、覚悟して、未練のこと（＝思い切りの悪いこと）もありませんでした』とだけ、お話し下さいませ」（と言う。）「箱王は、どうだ」と尋ねると、「兄上のお気持ちと同じです。もう一度（母上に）お会い申し上げて…」と、最後まで言うこともできないで、涙で声をつまらせて、深く嘆き悲しむ様子が見られた。一萬は、これを見て、「（母上が）おっしゃったのに（泣くなんてなんだ）。《お祖父様の孫だと思い出して、覚悟せよ。決して、母や乳母のことを、思い出してはいけない。そのようであるから（＝そのように母や乳母のことを思い出すから）、未練の気持ちが生じるのだ。『ただきっぱりと覚悟しろ』》と（母上が）教えて下さったことを、お忘れになったのですか。人が見るといけない」と戒めたところ、箱王は、この（兄の）言葉に恥じ入ったのであろうか、顔を押し拭って、からからと高笑いをして、涙を人に見せなかった。身分の高い者も低い者も、（二人の命を）惜しまない者はいなかった。曽我太郎（＝祐信）も、この様子を見て、今は安心して、敷皮に座りかかり、鬢《びん》の塵を払ってやり、心静かに世話をし、「ところでお前たち、しっかりと聞け。今に始まったことではないけれども、武士の家に生まれた者は、命よりも名を惜しむものだぞ。『竜門山上の土に骨を埋めたとしても、名を雲井のかなたまで残せ』という言葉は、以前聞いて今もきっと覚えているだろう。最期が見苦しくは見えないとしても、心を乱すことなく、目をつむり、合掌し、『阿弥陀如来、我らをお救い下さい』と祈念せよ」（と言う）。一萬が、（これを）聞いて、「どんなに祈りましても、助かる命でもございませんのに」と言ったところ、「その助けのことではない。別の助けだよ。そなたの父親と、同じところに迎え取って下さるはずの阿弥陀様の誓願による助けのことだよ。お願いしなさい」と（祐信が）言ったので、（一萬は）「（いまさら）申し上げるまでもございません。（死は）覚悟していることであるので、何で未練を残しましょうか。故郷を出て以来、父上にお会い申し上げるための願いごとこそは、嬉しゅうございます」と言って、（極楽浄土のある）西に向かって、二人それぞれの小さな手を捧げて、「南無」

と声高らかに（阿弥陀様に）お祈り申し上げたので、堀彌太郎が、太刀を抜いて、からだに引き付け、二人の後ろに近づいて、「兄をまず切るようなのは順序（に従ったやり方）である。しかしながら、弟が（それを）見て、驚いてしまうようなのも、気の毒だ。（かといって）弟を（先に）切るのは、（長幼の順からして）逆である」と思い悩み、立ちつくしていたのを、祐信が、（見て）耐えきれない気持ちになって、（彌太郎に）走り寄り、取りつき、「もし可能ならば、太刀を私にお預け下さいませ。私めの手にかけて、（二人の）後生を弔いたい」と申したところ、（彌太郎は）「よろしくおはからい下さい」と言って、太刀を渡した。祐信が受け取って、まず一萬を切ろうとして、太刀を振り上げて見ると、ちょうどその時、朝日が輝いて、白く美しい首の骨のところに、太刀の閃《ひらめ》く光が映って見えたので、迷いなく切るのにふさわしい所も見えなくなった。祐信は、勇猛な武士とは申しても、太刀を捨てて、心中を訴えたことは、「かえってあきらめて、（自分は）曽我に留まっていればよかったのに、ここまでやって来て、つらい目にあうことの無念さよ。もし可能ならば、まず私を切ってその後に、彼らを殺して下さい」と哀願したので、見物をしていた身分の高い者も低い者も、「もっともだなあ。幼い時から育てて可愛がりなさっているので、さぞかし、かわいそうに思っていることだろう」と同情しない者はいなかった。

設問解説

問一（内容説明）

傍線部の内容は、次のようになる。

(1)「今に始めぬ鎌倉中のことことしさは」の「ことことしさ」は「事々しさ」で、ここは「大騒ぎを好む様子」。この部分は、「今にはじまったことではない、以前からの鎌倉中の人たちの大騒ぎを好む様子」をいっている。

(2)「彼らが切られる様子を見物しよう」ということで、

(3)「門前市をなす」は「門前に市場をなすごとく大勢の人が集まっている」様子をいう。

以上をまとめると、「鎌倉では何かあると以前からそうであるように、鎌倉中が大騒ぎをして、二人が切られる様子を見ようと刑場に大勢の人が集まっている様子。」となる。これをコンパクトにすると、「鎌倉中がいつものように大騒ぎをして、二人が切られる様子を見ようと刑場に大勢の人が集まっている様子。」などとなる。

問二（目的語の判断）

「見たてまつて」は「見奉りて」と同じと考え、年下の箱王が誰を「今一度見て」（「見る」は「会う」の意）といっているのか、また、子供は死に際に誰に会いたいと思うかを考える。ここは、祐信が「母が方に、思ひ置くことやある」と一萬と箱王に訊ねた言葉への箱王の返事に該当するから、「母上に見たてまつて」

となる箇所。傍線部の後に、一萬が「母や乳母がこと、思ひ出だすべからず」と戒める箇所があるからといって、「母と乳母」と答えてはならない。正解は「母上」あるいは「母」となる。「〜奉る」は謙譲語の補助動詞で、「（母上に）お会い申し上げて」「（母上を）見申し上げて」となる。

問三　（現代語訳）

③「〜もあへず」は「〜も敢へず」。「〜も合はず」ではないことに注意。「敢ふ」は下二段動詞。「合ふ」は四段動詞。「あへず」の「あへ」は下二段「敢ふ」の未然形。「〜も敢へず」で「最後まで〜することもできず」の意味になる。「色」は「表情・様子」の意。

⑨「ことわり（＝理）かな」は「もっともだなあ」、「あはれむ」は「可愛がる」「いとおしむ」、形容動詞「不便なり」は「かわいそうだ・かわいそうに思う」の意。「兄弟のことがかわいそうだ」「兄弟のことをかわいそうに思う」の意で用いられている。「とぶらふ（＝訪ふ）」は、ここでは「見舞う」の意から派生した意味の、兄弟の育ての親である祐信の心中を「案じる・気の毒に思う・同情する」の意にあたる。

問四　（指示内容を具体化しての現代語訳）

「祖父の孫ぞと思ひ出だして、思ひ切るべし。かまへて、母や乳母がこと、思ひ出だすべからず。→さやうなれば、未練の心出で来るぞ。『ただ一筋に思ひ切れ』と教へ給ひしこと、忘れ給ふかや」とある箇所である。ここは、「祖父の孫ぞ…一筋に思ひ切れ」までが母親の戒めに当たるので、出題の際この全体を二重カギカッコで括った方がよかった箇所である。

(1)「さやうなれば、未練の心出で来るぞ」の「さやうなれば」は「そうであるから」の意。「未練の心」は、先の箱王の言葉から「母に会いたいという未練の心」と解せるから、「母や乳母を思い出すから→母に会いたいという未練の心が生じるのだぞ」といっていることになる。「未練」はそのまま訳に使っていい。文末の「ぞ」は強意の終助詞（「係助詞の文末用法」ともいう）。指示内容を、後に出て来る「思ひ切れ」という語に引かれて、「祖父の孫ぞと思ひ出だして、思ひ切るべし」を該当箇所と考え、「祖父の孫としていさぎよく死のうという覚悟ができていないから」などと解してはいけない。

(2)「『ただ一筋に思ひ切れ』と教へ給ひしこと」の「一筋に思い切れ」は「きっぱりと覚悟しろ（＝決心しろ）」の意。「教へ給ひしこと」の箇所は、尊敬語の補助動詞「給ひ」と「し」（過去の助動詞「き」の連体形）に注意して、「母上が教えて下さったこと（を）」と訳す。

(3)「忘れ給ふかや」は、尊敬語の補助動詞「給ふ」と「かや」（疑問の終助詞「か」＋詠嘆の間投助詞「や」。「〜（の）であるか」「〜（の）ですか（ねえ）」などの意）に注意して「お忘れになったのか」などと訳す。この傍線部の場合、「や」の詠嘆の意味は明示しなくてもいいだろう。

問五（活用の問題）

⑤ 文末であるから、終止形か命令形が該当することになる。文脈からどちらが適切かを判断する。ここは仏を頼みにすることを薦めている箇所になるから、命令形「候へ」が該当する。

⑥ 上に「何に」という語があり、文脈から「何に心を残そうか、残しはしない」という反語を表すものと把握する。この「何に」は、もともとは「何にか」と表したものを、係助詞「か」を脱落させて反語として使用したものと考えられる。「か」はないが、その結びとして「べき」が入ると判断するといい。「何に」が、いつから「何に」だけで終止形ではなく、連体形結びをしたかは難しい問題を残すが、中世では連体形結びとなる。

⑦ 上に係助詞「こそ」があるので、その結びとなる已然形「候へ」が入る。

問六（内容説明）

兄弟を切る場合、「兄を先づ切らむは順次《じゅんし》なり」と年長の兄から切るのが順当だと考え、「弟を切るは、逆なり」と弟を先に切るのは順番が逆だといっているのである。

問七（文学史）

軍記物語に属する作品を選ぶ。

ア『日本霊異記』（平安時代初期の仏教説話集）
イ『増鏡』（南北朝時代の歴史物語）
ウ『平家物語』（鎌倉時代の軍記物語）
エ『栄花物語』（平安時代の歴史物語）
オ『太平記』（南北朝時代の軍記物語）
カ『宇治拾遺物語』（鎌倉時代の説話集）
キ『とはずがたり』（鎌倉時代の女性の日記）

配点・採点基準 （計40点）

問一（5点）

＊①〜③の内容が出ていないもの、間違いは、各-2点。

①鎌倉中がいつものように大騒ぎをして、②二人が切られる様子を見ようと ③刑場に大勢の人が集まっている様子。

①「いつものように」が出ていないものは-1点。

＊文末が「〜様子。」となっていないものは-1点。

問二（3点）

問三（③＝4点 ⑨＝8点）

③＊a〜cの箇所で間違いがあれば、各-2点。

a言ひもあへず、b涙に咽び、c深く嘆く色見えけり。

aは「最後まで言えないで」「言いきれないで」も可。

b「咽ぶ」は「声を詰まらせる」の意。「涙に咽び」のままで可。

c「色」は「様子」などの意が出ていること。

⑨＊a〜eの箇所で間違いがあれば、各-2点。

a見物の貴賤、b「ことわりかな。c幼少より育ててあはれみ給へば、dさぞ、不便なるらむ」とeとぶらはぬ者はなかりけり。

a「見物の貴賤」は「見物の人は貴賤にかかわらず」「見物の高貴な者も下賤の者も」が可、「貴人も貧しい者も」は不可。

b「道理であるなあ」は可。「理だなあ」は不可。

c「あはれむ」は「可愛がる」「いつくしむ」「大切に育てる」などの意。尊敬表現が出ていること。「已然形＋ば」は「ので」「から」となっていること。

d「不便なるらむ」は「かわいそう（に思っている）だろう」「気の毒に思っているだろう」が可。

e「とぶらはぬ者」は「同情しない者」「見舞わない者」「気の毒に思わない者」が可。「訪問しない者」「弔わない者」は不可。

採点例

見物していた人の貴賤にかかわらず、「道理であるなあ。幼少から育ててあわれみなさったならば、さぞかしかわいそうだろう」ととぶらわない人はいなかった。
c-2　e-2　4点

問四（6点）

＊①〜⑤の箇所で間違いがあれば、各-2点。

①そのように母上や乳母を思い出すから、②未練の気持ちが生じるのだ。③「ただきっぱりと覚悟しろ」と④母上が教えて下さったことを、⑤お忘れになったのですか。

①「そのように」はなくても可。「から」を「と」としたもの-1点。

②「未練の心」も可。

③「一筋に」は「きっぱりと」などが正解。「思い切れ」のままは不可。

④「母上が」「母が」と尊敬表現が出ていること。一つでも出ていないものは不可。

⑤尊敬表現と疑問表現が出ていること。一つでも出ていないものは不可。

問五（各2点）

問六（5点）

＊①〜③の内容が出ていないもの、間違いは、各-2点。

①兄弟を切る場合、②年長の兄から切るのが順当であり、③弟を先に切るのは順番が逆だということ。

＊文末が「〜こと。」となっていないものは、-1点。

問七（両方正解で3点。一つだけ正解の場合は1点）

語句チェック！（□は設問にかかわる語句）

□時うつる＝時間になる。

□ことことしさ＝仰々しいこと。大げさなこと。ここは、「大騒ぎを好むさま」。

□門前市をなす＝寺の門前が市場のように人が大勢集まることから、大勢の人が集まることの喩え。

□源太が屋形＝梶原景季の屋敷。捕らわれた兄弟が預けられていた所。

□浜のおもて＝「浜へ向かって」の意。「おもて」は「表」で、「向かって・面して」の意。

□羊の歩みなほ近く＝「羊の歩み」は「屠所《としょ》に近づく羊の歩み」で、死に近づくことをいう。ここの「なほ」は「ますます」「いっそう」の意。「近く」は、歩く距離の近さをいい、刑場まであっという間に近づいたことを表す。
□なほる＝姿勢を正して座る。きちんと座る。
□さりとも＝いくらなんでも。
□申し助く＝（頼朝に）お願い申し上げて助ける。
□思ひ置く＝思い残す。遺言として伝える。
□御心得候ひて＝ご理解下さいまして。「御～候ふ」は尊敬語と丁寧語の交じった表現。～なさって下さいませ。
□言ひもあへず＝最後まで言えないで。
□嘆く色＝嘆く様子。
□祖父《おほぢ》＝伊東祐親《すけちか》。頼朝とのいざこざで自殺していた。
□かまへて～べからず＝決して～してはいけない。
□未練＝心残り。他に「未熟」の意味もあるので注意。
□思ひ切る＝覚悟する。決心する。
□人もこそ見れ＝人が見るといけない。
□あざ笑ふ＝高々と笑ふ。ここは「嘲笑する」ではない。
□色＝様子。
□かねて聞き置きぬらむ＝以前に聞いていて今もきっと覚えているだろう。「ぬ」は強意の助動詞。「らむ」は現在推量の助動詞で、「今もきっと記憶しているだろう」の意味。
□御分《ぶん》＝そなた。あなた。
□一所＝同じ所。
□誓願の助け＝阿弥陀如来が衆生のために誓ったその助力。
□引きそばむ＝からだに引き付ける。
□左右《さう》なく＝ここは「簡単に」の意。他に「無造作に」などの意がある。
□くどく＝ここは、「（思いを）訴える」の意。
□なかなか＝かえって。
□ことわりかな＝もっともなことだなあ。
□不便《ふびん》なるらむ＝（二人のことを）かわいそうに思っているだろう。
□とぶらふ＝ここは「同情する」「気の毒に思う」意。

ここに着目しよう!

＊「羊の歩み」「門前市をなす」などの成語に注意する。ほかに「老少不定」「少水の魚」など古典に出て来る成語は注意しておく。「老少不定」は、若者が年上の者の後に死ぬとは限らないことから、この世の無常をいう。「少水の魚」は水が少ない水たまりなどの魚をいい、死を目前とした状態をいう。

＊文学史の知識は、いま目にしている文章がどういう作品か、という関心から始まって広がっていく。ただ覚えるだけではなく重要作品とされるものの内容やジャンル、またおよその成立時期に関心を持ってチェックしておくことだ。

7 『建礼門院右京大夫集』

■和歌山大学■

解答

問一 建礼門院

問二 ① れ〈理由〉「思ひやら」は「想像する」の意の四段活用の動詞の未然形。接続助詞「て」は連用形接続。適切な文意は「（思わず）想像されて」となるので、自発の助動詞「る」の連用形「れ」が妥当である。

② め〈理由〉「なかる」は形容詞「なし」の連体形。ここは目に見えない現在のことを推量している箇所なので、「ら」で始まり、ラ変型連体形に接続する現在推量の助動詞「らむ」が続く。係助詞「こそ」の結びになるので、已然形「らめ」となり、「め」が入る。

問三 資盛が、いつも着ていた直衣姿で、風がひどく吹く所で、たいそう沈んだ様子で物思いにふけっている夢。

問四 戦況が思わしくないというつらい知らせの上の、さらにつらいあの方の死の知らせを聞かない前に、私は死んでしまいたいものだ。

問五 ①（しめ結ひて）恋ひたまひし人・なれける人

② まったく意外なところで、（戦場にいる）恋人（＝資盛）の名前を聞いた驚き。

出典

『建礼門院《けんれいもんいん（の）》右京《うきょうの》大夫集《だいぶしゅう》』 鎌倉前期の私家集《しかしゅう》（個人歌集）。建礼門院右京大夫（建礼門院に仕えた女房の名）の作品。一二三二年頃成立。ほぼ編年の構成になっており、詞書《ことばがき》の箇所が長く歌日記的性格を持つ。平安末期の中宮であった建礼門院（平清盛の娘・徳子）に仕え、中宮を囲む平家の君達との交友や、平資盛《すけもり》（清盛の孫）との恋、源平の争乱での恋人資盛の死、その嘆きと追悼の日々などを詠んだ和歌を中心にまとめている。作者は後に後鳥羽院にも女房として出仕した。

本文の内容

〈Ⅰ〉 源平の戦の世、京にいる作者は、戦況の噂を耳にする度、恋人資盛の安否が心配でならない。そんなある夜、思い悩んでいる様子で物思いにふけっている資盛の姿を夢に見る。その夢でひどく胸騒ぎがしたせいか、体調を崩し、いっそのこと死んでしまいたいとまで思う。そんな中でつらい心情を吐露する歌を詠んだ。

〈Ⅱ〉 翌年の春、親戚に誘われて寺に参詣することがあった。その帰り道、梅の花の素晴らしい所があるということで誘われて立ち寄った。まことに見事な梅の花であった。ところが、その場所の持ち主の僧が話した言葉の中に、思いがけなく恋人資盛の名前が出て来た。そのために、心が乱れて悲しくなり、心の中で歌を詠む。

現代語訳

〈Ⅰ〉 恐ろしい（源氏の）武士どもが大勢（西国へ）下る。何かと（戦《いくさ》の噂を）聞くので、「どんなこと（＝どんな悪い知らせ）をいつ聞く（ことになる）のだろう」と、悲しくつらく、泣きながら寝て見た夢に、いつも見たのと同じ直衣姿で、風がひどく吹く所に、（あの方が）たいそう思い悩んでいる様子で物思いにふけっていることだと見て、胸騒ぎがして、目が覚めた時の気持ちは、何とも言いようがない。「たった今も、実際にそのようにしているのだろうか」と思わず想像されて、

波風の…＝波風が荒れ狂うような荒々しい戦の日々をさまよって、それこそ（＝さぞかし）心の安まる心地もしないで過ごしていることだろう。

あまりにも胸騒ぎがした気持ちのせいだろうか、しばらく熱が出て、気分もすぐれないので、「いっそ（このまま）死んでしまいたい」と思われる。

憂きうへの…＝つらい知らせの上のさらにつらい知らせを聞かない前に、私はあの世に行ってしまいたいものだ。

と思うけれど、そうはならないで生き続けている（自分の）命がやりきれない。

あらるべき…＝生きていられそうな気持ちもしないのに、依然として死ぬこともなくて、今日まで過ごしていることが悲しいことだ。

〈Ⅱ〉 翌年の春、親戚の人が寺に参詣するといって誘ったので、何事も気がすすまないが、尊い方面のことなので、思いきって参詣した。帰り道に梅の花が並一通りでなくすばらしい所があるといって、（その）人が立ち寄ったので、（その人に）連れられて行ったところ、本当にこの世のものではないような花の様子である。その場所の主人である僧が、その人に話すのを聞くと、「毎年、この花を他人が入らないように標《しるし》をして愛《いと》おしんでいらっしゃった人がいなくて、今年はむなしく咲き散っておりますのが、哀れに思われます」と言うのを、「誰なの」と（一緒に行った人が）尋ねるようであると、「誰それ」とはっきりとした名を言うので、かき乱れて悲しい心の中で、

思ふこと…＝（心に）思うことを心に思うままに（一緒に）語り合おう。慣れ親しんだ人を花も恋い慕っているならば。

設問解説

問一（人物名）

作品名の知識が必要。「○○○○右京大夫集」とあったら「建礼門院右京大夫集」しかない。

問二（文法識別）

① 「思ひやら」は「想像する」の意の四段活用動詞「思ひやる」の未然形。空欄①には未然形接続の助動詞で一字のものが入ることになる。文意を検討すると、「『たゞ今も…らむ』と（思わず）想像されて」と自発の意味を添えるのが適切なので、自発の意を表す助動詞「る」が該当する。接続助詞「て」には連用形が接続するので、連用形「れ」が入る。

② 「なかる」は形容詞「なし」の補助活用（＝カリ活用）の連体形。「ら」で始まり、ラ変型活用語の連体形に接続する助動詞には「らむ」「らし」（ともにラ変型以外には終止形接続）があるが、目に見えない現在のことを推量している内容なので、「らむ」が適切。係助詞「こそ」の結びになるので、「らめ」となり、「め」が入る。

問三（夢の範囲とその内容説明）

(1) 「夢に、つねに見しまゝの直衣姿にて、風のおびたゞしく吹く所に、いと物思はしげにうちながめてあると見て」の傍線部に注目する。「つねに～ある」までが夢の範囲になる。「騒ぐ心に」まではないことに注意する。見た夢に胸騒ぎがして目を覚ましたのである。

(2) 「直衣《なほし》姿」（「直衣」は男性の着衣）から、恋人資盛の姿であることをつかむ。「物思はしげに」はこのままでも分かるが「思い悩んでいる感じで」「沈んだ様子で」の意。「うちながむ」は「もの思いにふける」の意。

問四（現代語訳）

「憂きうへのなほ憂きことを聞かぬさきに」の最初の「憂き」ことが何を指すかを判断するのがポイントになる。形容詞「憂し」は「つらい・やりきれない」の意。

(1) 「憂きうへに」（つらいことの上に）ではなく、「憂きうへのなほ憂きことを聞く」（つらいことの上のさらにつらいことを聞く）となっていることに注意する。「聞く」に着目し、「憂き」「憂きこと」はともに噂・知らせとして耳にするつらいことを表していることを判断する。前書きと冒頭の叙述から、戦況のはかばかしくない知らせばかりを耳にして「悲しく心憂く」なったとあることに着目し、最初の「憂き」は、戦況の悪い知らせと取るのが妥当。

歌の直前の叙述が重要であることはいうまでもないが、ここをその叙述にひかれて、「夢を見てのつらい思い」（これは最初の歌で詠まれている）や、恋人のことを心配するあまりに「心ちもわびし」くなった作者の「病気の状態のつらさ」と取るのは、「憂きうへの…を聞く」とあることから該当しない。

(2)「なほ憂きことを」は、資盛の戦況の悪い知らせの上の「さらに悪い知らせ」を示すことになるから、平家の滅亡・資盛の戦死の知らせなどが考えられるが、ここは資盛の死の知らせとなる。

(3)「この世の外(＝あの世)になる」は死ぬことを意味する。

(4)「なりもしなばや」は、動詞「なる(＝成る)」＋助詞「も」＋動詞「す」で、「成ることもする」、つまり「成る」の意。「な」は強意(完了)の助動詞「ぬ」の未然形。「ばや」は願望の終助詞。「この世の外に成りもしてしまいたい」とは「死んでしまいたい」ということ。

問五 (人物把握・心情説明)

① 資盛に該当するのは、「しめ結ひて恋ひたまひし人」と「なれける人」になる。

② 僧の言葉を踏まえて、恋人の名を思わぬ所で聞いた驚きを説明することになる。

(1)まったく思わぬ所で、
(2)すばらしい梅の花をいとおしんでいた人の名前として、
(3)戦場にいる恋しい人の名前を聞いた驚き。
以上をまとめることになる。答えとしては、(1)(3)だけで十分である。

配点・採点基準 (計30点)

問一 (3点)

問二 (各4点)

① ＊理由の箇所に「適切な文意は『(思わず)想像されて』となるので」の内容が出ていること。出ていないものは-1点。その他、「助動詞」など品詞が出ていない場合など、不十分な箇所は、各-1点。

② ＊理由の箇所に「(目に見えない)現在のことを推量している箇所なので」が出ていること。出ていないものは-1点。

問三 (5点)

＊①～⑤の内容が出ていないもの、間違いは、各-1点。表現は違っても内容が合っていれば、可。

①資盛が、②いつも着ていた直衣姿で、③風がひどく吹く所で、④たいそう沈んだ様子で⑤物思いにふけっている夢。

問四 (6点)

＊①～⑤の内容が出ていないもの、間違いは、各-2点。

①戦況が思わしくないという ②つらい知らせの上の、③さらにつらいあの方の死の知らせを ④聞かない前に、⑤私は死んでしまいたいものだ。

①③の「憂き」の内容については、表現は違っても内容が合っていれば、可。

②「～の上の」を「～の上に」としたものも可とする。

⑤の「私は」がないもの-1点。

採点例

戦況がはかばかしくないというつらい知らせの上に、さらに資盛の戦死というつらい知らせを聞かない前に死んでしまいたいものだ。

誰が-1

5点

問五（①＝各2点 ②＝4点）

①＊「（しめ結ひて）恋ひたまひし人」の「しめ結ひて」はなくても可。

②＊aｂの内容が出ていないもの、間違いは、各-2点。表現は違っても内容が合っていれば、可。

a まったく意外なところで、b（戦場にいる）恋人（＝資盛）の名前を聞いた驚き。

語句チェック！（□は設問にかかわる語句）

□いくらも＝大勢。
□なにかと＝何かと。あれやこれや。ここは「何だろうと」の意ではない。
□物思はしげに＝思い悩んでいる様子で。沈んだ感じで。
□うちながむ＝物思いにふける。
□げにさてもやあるらむ＝実際にそうしているのだろうか。「や」は疑問の係助詞。
□波風の荒き騒ぎ＝波風が荒れ狂うような戦《いくさ》の騒ぎ。
□さこそは＝それこそ（強調）。
□やすき空＝ほっとした気持ち。
□なごり＝ある出来事の余波《よは》・影響。
□心ちもわびし＝「心地も侘びし」で「具合がわるい・気分がすぐれない」。
□さらば＝いっそ（のこと）・それじゃあ。
□なくなりなばや＝死んでしまいたい。「亡くなる」に「〜なばや」（〜てしまいたい）が付いた表現。「な」は強意の助動詞「ぬ」の未然形・「ばや」は願望の終助詞。
□憂きうへの＝つらいことの上の。
□この世の外になる＝死ぬ。あの世に行く。
□さもなきつれなさ＝そうでもなく（＝死にたいという思いとは裏腹に）生きながらえていること。
□あるべき心ち＝生きていられそうな気持ち。「る」は可能の助動詞「る」の終止形。「べし」は推量の意。
□ふる＝「経る」（「経」の連体形）で「過ごす・生きている」の意。
□かへるとし＝翌年。
□ゆかりある人＝縁のある人。親戚や、何らかの縁のある人をいう。
□物参り＝寺社にお参りすること。
□尊きかたのこと＝神仏にお参りする方面のこと。
□かへさ＝帰り道。帰る途中。
□聖＝高徳の僧・僧。
□恋ひたまひし人＝ここの「恋ふ」は「いとおしむ」の意。

□あはれに＝哀れに思われます。「あはれに覚え侍り」などの省略表現。
□その人としも＝その人とも。「し」（「しも」で取ってもいい）は強意の副助詞。
□しのぶ＝偲ぶ。恋い慕う。

ここに着目しよう！

＊文法問題を出題する大学は、**語を識別する力とそれを説明する力**を見ようとしているのである。重要助動詞・助詞は、活用と接続に着目しておく。センター試験でも必要になる。

＊「憂きうへの」の「憂き」などが示している内容を、文脈から把握する際の着目点に注意しよう。

＊「この世の外になりもしなばや」といった表現を、適切に現代語訳ができるようにしておく。

8 『讃岐典侍日記』

■大阪府立大学■

解答

問一 A＝アからオ　B＝アからイ
C＝アからオ　D＝オからイ

問二 ① 副詞「いつしか」の一部
② 過去の助動詞「き」の已然形
③ 完了の助動詞「ぬ」の連体形の一部
④ 打消の助動詞「ず」の連体形

問三 見間違いかと思うほどに（思わず）呆然とせずにはいられなかったよ。

問四 高貴な後朱雀帝の血を引くご兄弟のお二人とは聞いていながらも、後三条天皇のもとへ出仕する（ような）ことは、やはり悲しく思われます。〈技巧〉エ

問五 私は新帝のことを見てみたいとはお思い申し上げるけれども、

問六 4 堀河天皇のお側に出仕する晴れがましさを素直に喜べず、親にも言えないでひとりで思い乱れる思い。
5 鳥羽天皇への出仕の件は自分ではどうにもならないとはいえ、出家したならば出仕しなくてもすむかもしれないと思い乱れる思い。

問七 自分の手で剃髪した女性を、いやな心持ちの女だと批判している内容。

問八 いま帝に仕えている乳母たちは皆まだ六位で、作者のような五位の者でないと帝に食事を差し上げられないから。

出典

『讃岐典侍日記《さぬきのすけにっき》』　平安時代後期の女流日記。讃岐典侍の作。一一〇八年頃の成立。上巻は堀河天皇のおそばに典侍《ないしのすけ》として仕え、二八歳の天皇の闘病から死までのほぼ一ヶ月間を記す。下巻は幼い鳥羽天皇に再出仕しての記事からなるが、亡き堀河天皇を回想しての記事を間に挟みながら叙述する。出題文は、下巻の再出仕に至る経過を記した箇所。大学側の出題の都合で、本文を改めているので、後半の心内文の箇所に心内文として不自然な箇所がある。

本文の内容

堀河院の亡き後、冥福を祈って過ごしていたある日、弁の三位を通して白河院の意向が伝えられた。鳥羽帝への再出仕の話であった。激しく反撥する中、周防《すおう》の内侍《ないし》の歌を思い浮かべ、その内侍の心情に共感する。そして、院の意向に反撥する思いが、回想を交えて噴き出る。その後の数日間、鳥羽帝のもとへの参内を促す手紙がたびたび届けられた。

現代語訳

このように言っているうちに、十月になってしまった。「弁の三位殿からお手紙（です）」と、（侍女が）言うので、（部屋の中に）取り入れて見ると、「（あなた様が）長年宮仕えをなさる御心のめったにない素晴らしさなどを、（白河院が）よくお聞きになっておかれたからでしょうか、白河院から、この新帝の御所に、そのような人が必要だ、直ちに出仕せよという内容のお言葉がありますので、そのような心づもりをなさって下さい」と書いているのを、見るにつけて、驚きあきれ、見間違いかと思うほどに思わず呆然とせずにはいられなかったよ。（堀河帝が）ご存命の時から、このように（新帝へ私が出仕するようにと）は噂されたけれど、まったくそれに対する（堀河帝の）お言葉がなかったからには、「そうしなくても（いい）」と（堀河帝は）お思いになるのであったろうか、それなのに、「早く（出仕したい）」という様子で（新帝のもとに）参上するようなことは、情けないことだ。（かつて）周防の内侍が、後冷泉院に先立たれ申し上げて（その後）、後三条院から、「七月七日、（自分のもとに）参内せよ」とお命じになってきた時に、

天の川…＝天上を流れる天の川のような、遥かに高貴な後朱雀帝の血を引くご兄弟のお二人とは聞いていながらも、後三条天皇のもとへ出仕するようなことは、やはり悲しく思われます。

と詠んだというのは、「本当にその通りだ」と思われる。

「今は亡き院のお形見としては、（鳥羽天皇のことを）見てみたい（＝拝見したい）とはお思い申し上げるけれども、出仕するようなことは、やはりあっていいことではない。その昔、（堀河天皇のもとに）出仕した時でさえ、（出仕の）晴れがましさは（素直に喜べず）思い悩んだけれど、『親たちが、（姉の）三位殿などを通してなさるようなことを（断ることもできない）』と思って、あれこれ（不平を）言えることではなかったので、自分の心の中だけで思い悩んでいた。本当に、この度のことも、『自分の考え通りにはいかない』と言うのがまことに当然のことではあるが、またもし、（私が）出家してしまったとお聞きになったならば、（白河院も私を）それほど必要ともお思いにならないだろう」と思い乱れて、いま少しこの数ヶ月よりも悩みが加わった気持ちがして、「どのような（出家の）機会を持ち出そうか。かといって、自分の手で剃髪して出家するようなのも、昔の物語にも、このようにした人を、人も『いやな心持ちだなあ』などと言うようだ。自分の心にも、本当にそのように思われることなので、やはり本気で（そうしようとも）思い立たない。このような状態で、自分の心がなすがまま（心労で）弱っていけよ。そうであるならば、それを口実にしても（出家できよう）」と思い続けられて、何日か経つが、「御乳母たちは、まだ六位で、五位にならない限りは、（帝に）食事を差し上げない決まりである。この二十三日、二十六日、二十八日が（参上するのに）いい

日だ。早く早く（参上せよ）」と書いてある手紙が、たびたび送られて来るけれど、決心できそうな気持ちもしない。

設問解説

問一（敬意の方向）

地の文の敬語は作者から発信される。会話文の敬語は、その話し手からの敬意になる。尊敬語の補助動詞「たまふ」は主体（主語に当たる人物など）への敬意を表す。A・B・Cは弁の三位からの手紙文の中にある。それぞれ弁の三位からのメッセージ箇所にあるので、すべて弁の三位からの敬意になる。

A「年ごろ、宮仕へせさせたまふ（あなた様の）御心の」となるので、「年ごろ、宮仕へせさせたまふ」の主語は作者に当たり、作者への敬意を表している。

B「（あなた様のことを白河院が）よく聞きおかせたまひたりしかば」となるので、主語は白河院で、白河院への敬意を表している。

C「（あなた様は）さる心地せさせたまへ」（「たまへ」は命令形）となるので、作者への敬意を表している。

D「（私が）世を思ひ捨てつと（Xが）聞かせたまはば…大切にもおぼしめさじ」となる。地の文にあるので、作者からXへの敬意になる。新帝への出仕を命じたのは白河院であり、弁の三位の手紙に院の言葉を引用して「さやうなる人の大切なり」とあったことに注目して、「（白河院が）聞かせたまはば」と取るのがポイント。

問二（文法識別）

① 「いつしか（…願望）」で「早く（…たい）」の意を表す。「いつしか」は副詞。「しか」は、その副詞の一部。

② 「こそ〜しか」と係り結び。「しか」は、過去の助動詞「き」の已然形。

③ 「〜ぬる心地」（〜ぬる＋名詞）となっていることに注目。「ぬる」は、完了の助動詞「ぬ」の連体形。

④ 「〜ぬこと」（〜ぬ＋名詞）となっていることに注目。「ぬ」は、打消の助動詞「ず」の連体形。

問三（現代語訳）

「ひがめ」（僻目）は「見間違い」の意。「あきる（呆る）」は「呆然（＝茫然）とする」。「らる」は自発の助動詞。「思わず〜する」「〜しないではいられない」などと訳す。「ける」は、ここは伝聞の過去ではなく、「〜したことだ」という詠嘆の意。「あきれられける」は「思わず呆然としたことだ」となる。

問四（歌の解釈と技巧）

亡き御冷泉院に仕えていた周防の内侍が後三条天皇から「七月七日参るべきよし」と命じられた時に詠んだ歌である。

(1)「天の川」を詠んだのは、「七月七日」という日付から彦星・織り姫の伝承を踏まえたものであろうが、「おなじ流れ」というよく分からない言葉が続いている。この詠歌状況でどういうことを「おなじ流れ」といえるかを考えることになる。

(2)注から、後朱雀帝とその子供である二人の兄弟の血のつながりが「おなじ流れ」といえることに気がつく。また、そうすると天上高く流れる川である「天の川」は、高貴な皇室の流れ、特に後朱雀帝の血統をいっていることに気がつく。

(3)「渡る」は、本当に天の川を渡るのではなく、どこかに移動することを表しているはず。ここでは、後三条天皇の要求に従って、「後三条天皇のもとに出仕する」ことを表していることになる。

〈技巧〉「天の川」「流れ」が比喩になっていて、「渡る」が川に縁のある言葉として新帝のもとに出仕することを表しているので、「流れ」「渡る」が「天の川」の縁語として用いられている。掛詞ではないことに注意。

問五（現代語訳）

作者の心内文の一節である。「ゆかし」は「見たい」「聞きたい」「知りたい」「心ひかれる」などの意味。「亡き院の形見としては」→「ゆかしく思ひまゐらすれど」というのだから、設問の誘導に従うと「（私は鳥羽天皇のことを）見てみたい」→「拝見したい」の意となる。日記の地の文なので、主語は作者で、「私は」と表す。「まゐらすれ」は謙譲の補助動詞「まゐらす」の已然形で、鳥羽天皇への敬意を表している。

問六（心情説明）

設問は、「いずれも筆者は思い乱れている。それぞれの時の筆者の思いについて説明せよ」というもの。まとめ方に悩むが、「～と思い乱れる思い」などとまとめるのが順当だろう。

4 「そのかみ」は、「立ち出でしだに、はればれしさは思ひあつかひしかど、親たち、三位殿などしてせられんことをとなん思ひて、言ふべきことならざりしかば、心の内ばかりにこそ思ひ乱れしか」が該当する。「はればれしさ」は堀河天皇のお側に仕える晴れがましさ。「思ひあつかふ」は「大事に世話をする」「思い煩う」「思い悩む」などの意味があるが、ここは「（素直に喜べず）思い悩む」の意。内容を整理すると、

(1)堀河天皇のお側に出仕することさえ、晴れがましさは素直に喜べず思い悩んだが→堀河天皇のお側に仕えるのを素直に喜べず思い煩ったが、

(2)親たちが、三位殿などを通してなさることをと思って、

(3)親にも言えず自分ひとりで思い乱れた。

となる。これを短くまとめると、「堀河天皇のお側に出仕する晴れがましさを素直に喜べず、親にも言えないでひとりで思い乱れる思い」などとなる。

5 「これ」は、「『…わが心にはまかせずとも言ひつべきことなれど、また、世を思ひ捨てつと聞かせたまはば、さまで大切にもおぼしめさじ』と思ひ乱れ」が該当する。整理すると、

(1)鳥羽天皇への出仕の件は、自分の思い通りにはいかないこととはいえ、

(2)「世を捨てつ」（出家した）と聞いたならば、白河院も自分をそれほど必要とは思わないだろうと思い乱れる。

となる。これを短くまとめると、「鳥羽天皇への出仕の件は自分ではどうにもならないとはいえ、出家したならば出仕しなくてもすむかもしれないと思い乱れる思い」などとなる。

問七（説明）

「我と削ぎ捨てんも、昔物語にも、かやうにしたる人をば、人も『うとましの心や』などこそ言ふめれ」の箇所をまとめる。「我と削ぎ捨つ」は、自分の手で剃髪して世を捨てる（＝出家する）ことをいう。それを「うとましの心や」（いやな心持ちだなあ。「や」は詠嘆の間投助詞）と批判している内容を持つ物語になる。

問八（理由説明）

「とく、とく」は「早く、早く（参上して下さい）」の意。作者に一日も早い出仕を求める理由は、「御乳母たち、まだ六位にて、五位にならぬかぎりは、もの参らせぬことなり」に示されている。「もの参らす」は「食事を差し上げる」の意。「ぬ」は打消の助動詞「ず」の連体形。いまの乳母たちは皆まだ六位で、五位の位の者でないと帝に食事を差し上げられないから、早くというのである。作者が五位であったことが分かる。

配点・採点基準　（計50点）

問一（各2点）

問二（各2点）

＊品詞を答えていないものは、各-1点。助動詞の場合は、職能・終止形・活用形を答えていないものは各-1点。

問三（4点）

＊①②の箇所、各2点。

ひがめかと思ふまで あきれられける。（①2点・②2点）

①「ひがめ」は「ひがみ」は不可。-2点。

②は、「あきれ」の間違いは不可。-2点。「途方に暮れる」は可。「あきれる」のままは不可。「られ」（自発）は、「思わず」「～しないではいられない」が可。「（呆然とさ）れ」も可。「ける」は詠嘆「たことだ」。「た」でも可とする。出ていないもの-1点。

問四（解釈＝6点・技巧＝3点）

＊①～④の箇所で間違いがあれば、各-2点。表現は違っても内容が合っていれば、可。

①（高貴な）後朱雀帝の血を引く ②ご兄弟のお二人とは聞いていながらも、③後三条天皇のもとへ出仕する（ような）ことは、④やはり悲しく思われます。

①「天皇家の血を引く」も可。②「兄弟とは～」だけでも可。

③「後三条院」も可。婉曲「む」は出ていなくとも可。

④「なほ」は「やはり」が可。「悲しい」だけでも可。

採点例

後朱雀天皇の皇子ではいらっしゃいますが、別の方にお仕えすることはやはり悲しいものです。

後三条院-1
表現不足-1（聞いていますが）
2点
②お二人は-2

問五（5点）

＊①～④の箇所で間違いがあれば、各-2点。

①私は ②新帝のことを ③見てみたいとは ④お思い申し上げるけれども、

①「讃岐典侍は」「筆者は」などは-1点。

②「鳥羽天皇」も可。

③「拝見したい」「心ひかれて」も可。「知りたい」「聞きたい」は不可。

④謙譲語の補助動詞「まゐらす」の意味が出ていないもの不可。「なさる」は尊敬表現なので不可。

問六（8点）

＊各4点の配点。文末の「思い」は出さなくとも可。それぞれ①～③の内容が出ていないもの、間違いは、各-2点。

4 ①堀河天皇のお側に出仕する晴れがましさを ②素直に喜べず、③親にも言えないでひとりで思い乱れる思い。

①「堀河天皇のもとに出仕することを」だけでも可。

5 ①鳥羽天皇への出仕の件は ②自分ではどうにもならないとはいえ、③出家したならば出仕しなくてもすむかもしれないと思い乱れる思い。

問七（4点） ＊「批判している」の箇所は「書いている」などと答えても可。

問八（4点）

＊①②の内容が出ていないもの、間違いは、各-2点。

①いま帝に仕えている乳母たちは皆まだ六位で、②作者のような五位の者でないと帝に食事を差し上げられないから。

＊文末が「～から。」「～ので。」など理由説明の形となっていないものは-1点。

語句チェック！（□は設問にかかわる語句）

□年ごろ＝長年。

□御心のありがたさ＝あなた様のお心のめったにないほどの素晴らしさ。「御心」は作者の心をさしている。

□已然形＋ばにや＝～したからであろうか。「～ばにやあらむ」の省略表現。「に」は断定の助動詞「なり」の連用形。「や」は疑問の係助詞。

□この内＝この新帝の内裏。

□登時《とうじ》＝すぐに。

□さる心地＝「然《さ》（あ）る心地」で、「そのような心づもり（＝心の準備）」。

□ひがめ＝見間違い。漢字は「僻目」。

□かくは聞こえしかど＝このようには話題になった（＝噂された）けれど。ここの「聞こえ」は一般動詞。謙譲語ではない。

□いかにも～なし＝まったく～ない。

□いらへ＝返事。応答。
□さらでも＝「然（あ）らでも」で、「そうしなくても（いい）」の意。
□いつしかと＝早く（〜したい）と。
□あさまし＝ここは「情けない」の意。
□〜におくれまゐらす＝〜に先立たれ申し上げる。「おくる」は「遅る」で、「先立たれる」の意。「参《まゐ》らす」は謙譲語の補助動詞。
□おなじ流れ＝ここは「同じ血筋を引く人」の意。
□ゆかし＝（実際に）見たい。聞きたい。知りたい。心ひかれる。
□さし出づ＝ここは「出仕する」の意。
□そのかみ＝かつて。その昔。
□思ひあつかふ＝思い悩む。思い煩う。「大事に世話をする」の意もある。
□三位殿などして＝三位殿などを通して。
□言ひつべき＝「つ」は「べき」を強める用法。ここの「べき」は当然の意。
□世を思ひ捨つ＝出家する。「世俗の世を見捨てる」の意から。
□さまで〜じ＝それほど（＝そんなに・たいして）〜しないだろう。
□いかなるついでを取り出でん＝「ついで」は「機会」。ここは出家する機会。「取り出づ」は「（理由などとして）持ち出す」「選ぶ」の意。
□さすがに＝そうはいうものの。かといって。やはり。
□我と削《そ》ぎ捨つ＝自分の手で剃髪して世を捨てる（＝出家する）。
□うとまし＝いとわしい。いやだ。

□まめやかにも＝本当にも。本格的にも。
□思ひ立つ＝思い立つ。決心する。
□心づから＝自分の心が原因で。ここは「自分の心の葛藤による心労で」の意。
□ことつけても＝「言付けても」。「それを口実にしても（出家できよう）」の意。
□もの参らす＝お食事を差し上げる。「参らす」は「差し上げる」の意の謙譲語の本動詞。
□とく、とく＝早く、早く。

ここに着目しよう！

＊誰からの敬意か。
「地の文の敬語」は、尊敬語・謙譲語・丁寧語の区別とは関係なく、作者から発信される敬意になる。

会話文の敬語は、尊敬語・謙譲語・丁寧語の区別とは関係なく、その話し手からの敬意になる。

＊歌の比喩（「天の川」「おなじ流れ」の比喩）に注意する。

＊「いつしか〜願望」は、「早く〜（し）たい」などとなる副詞の呼応表現である。願望箇所が文脈からわかるときは省略して、「いつしかと思ふ」（早く…と思う）などと表す。省略内容があることに注意する。

＊僻目《ひがめ》（見間違い）・僻耳《ひがみみ》（聞き間違い）・僻事《ひがこと》（間違い）の意味に注意する。

9 『堤中納言物語』

■千葉大学■

解答

問一　① しっかりと乳母のようにお世話する人
　② まったく考え及びなさらないこと
　③ 心をお寄せになっている（＝心を開きなさってい
る）様子
　④ お袖が涙で並々ではなく濡れる

問二　(1) 少将の、逢いたいと心に思うほどには姫君のもと
に通わなかったこと。
　(2) 父親から、両親が亡くなり生活も苦しい姫君のも
とへは通ってはならないと禁じられたから。

問三　少将の心が自分に飽きた気配であることさえ悲しいの
に、そのうえ自分から離れていくようだと、少将の訪
れが絶えているのを嘆く心情。

問四　作者から少将

問五　堤中納言物語

出典

『堤中《つつみちゅう》納《な》言《ごん》物語《ものがたり》』　平安時代後期の十編の短編物語集。一編だけ作者が分かっている。各短編の成立年代はまちまちで、短編集の成立は平安後期とはされるが諸説ある。「虫めづる姫君」「はいずみ」などの興味深い作品が含まれている。

本文の内容

大納言の姫君が二人いた。立派に成長したが、両親が亡くなってしまい、しっかりと世話をする乳母のような人もいない。人の訪れも稀になった。そんなところに、若い女房の手引きで右大将の子息の少将が長女のもとに通うようになった。そのことを、父親の大将が聞いて、経済的に豊かでない所に通うことはないと少将を戒めた。そのため、少将は姫君に逢いたいと心に慕うほどには通えなくなる。少将の訪れが絶え間がちになったため、ようやく少将に馴染みはじめた姫君の懊悩は深まるばかりとなる。

現代語訳

大納言の姫君が、二人いらっしゃったが、本当に物語に描いている（姫君たちの）様子に劣りそうもなく、何事につけても（お二人は）立派に成長なさったが、亡き大納言も母上も、次々にお亡くなりになってしまったので、たいそう心細い実家で物思いに沈んで過ごしていらっしゃったけれども、しっかりと乳母のようにお世話する人もいない。ただ、常にお側にお仕えする侍従や弁などという若い女房ばかりがお仕えしているので、年月につれて次第に人の訪れもめったにない状態になっていく実家で、（心強く

後見する人もなく）たいそう心細い（＝頼りない）状態で過ごしていらっしゃったが、右大将のお子様の少将が、（この姫君たちのことを）知る機会があって、たいそう熱心に求愛し続けなさったが、（姫君たちは）このような男女の方面のことは、まったく考え及びなさらないことで、恋文のお返事をすることなど気にもお留めにならなかったのに、少納言の君といって、たいそうこの上もなく男女のことに長《た》けた若い女房が、（姫君たちに）まったく知らせることもなく、お二人がおやすみになっている所へ（少将を）お導き申し上げてしまった。

もともと（少将は）恋心を抱いていらっしゃったことなので、（姉の）姫君を抱きかかえて、御帳《みちょう》の中にお入りになってしまった。（その姫君が）呆然となさっていらっしゃる様子は、（物語などにも）よくあることなので（ここには）書かない。（少将は）想像なさっていた以上に、（姫君のことが）いとおしく思われなさるので、人目を忍びながらお通いになるが、それを、（少将の）父上がお聞きになって、

「身分は、期待はずれに思いそうなほど（低い身分）ではないが、なんで、ひどく頼りない暮らし向きの所に（よりによって通うのか、通わなくてもよかろう）。」

などと（姫君のもとに通うことを）許さないというふうにおっしゃるので、（少将は逢いたいと心に）思うほどにもお通いにならない。

姫君も、しばらくの間は（少将と逢うことを）我慢して過ごしていらっしゃったが、やはり、そのように我慢してばかりはどうしていらっしゃれようか。こうなるはずの前世からの宿命と思い慰めなさって、次第に（少将に）お心をお寄せになって（＝お心を開きなさって）いる様子は、一層ますます可愛らしくて、いじらしい（＝可憐だ）。昼など、たまたま寝過ごしなさる折、（少将が姫君のお顔を）見申し上げなさると、たいそう上品でかわいらしく、ちょっと見るだけですぐ胸がつらくなるほどにいじらしい様子をしていらっしゃった。

何事もたいそうやりきれなく、人の訪れもめったにないお住まいに、少将のお心もたいして当てにしにくく、「いつまで（続く関係なのだろうか）。」とばかり、思わず物思いにふけってしまわれるが、四、五日も気持ちが晴れようもなく（少将の訪れがない日が）重なってしまったのを、「思った通りだなあ。」と心細く感じるので、お袖が涙で並々ではなく濡れるのを、我ながら、「いつ（このような物思いの習慣を）身につけたのだろうか（いつの間にか身につけてしまったのだなあ）。」と身にしみてお知りにならないではいられない。

人ごころ……＝あの方の心が、秋の気配がきざすように、私に飽きた様子であることさえ悲しいのに、秋が深まって木々が枯れていく頃の景色のように、そのうえ私から離れていきそうなあの方の様子であることだよ。

設問解説

問一（意味）

①「はかばかしく」は「じゅうぶんに」「しっかりと」「頼もしく」の意。連用形であることに注意する。「乳母だつ」に掛かる。「乳母だつ人」は「乳母のような人」「乳母めいた人」「乳母のようにお世話する人」の意。

②「かけても〜打消」は「まったく〜打消」の意味の呼応表現。「思し寄る」は「思ひ寄る」の尊敬表現。ここは「考え及ぶ」「思い付く」「考えつく」「（そんな）気持ちになる」意の尊敬語。

③「うちなびく」は「（ある対象に）心を開く・心を寄せる」。

④「ただならぬ」（「ぬ」は打消の助動詞「ず」の連体形）は「普通ではない・並々ではない」の意で、ここは、「袖」とあるから、「並々ではなく涙で濡れる」ことをいう。

問二（説明・理由問題）

(1)「おはす」は①「あり・をり」の尊敬語、②「行く・来・通ふ」の尊敬語。ここは「通ふ」の尊敬語に該当する。「思ふほどにもお通いにならない」とは、少将が、逢いに行きたいと心に思うほどには姫君のもとに通わなかったことになる。

(2) 少将がそうしたのは、父親から「人のほど、くちをしかるべきにはあらねど、何かは、いと心細きところに」と「許しなく」言われたからである。つまり、姫君のもとに通うのを許されなかったからである。「人のほど」は「姫君の身分」を表す。「くちをしかる」は「期待はずれだ・残念だ」の意。「何かは」は反語を表し、「何かは、いと心細きところに」は「なんでまた、ひどく心細い（＝頼りない暮らし向きの）所に（よりによって通うのか、通わなくてもいいだろう）」の意。頼りない暮らし向きの姫君は妻としてふさわしくないと釘を刺されたのである。

以上をまとめると、両親が亡くなって頼りない暮らし向きの姫君の所には、通ってはならないと、父親から禁止されたからということになる。

問三（和歌の心情説明）

(1)少将の訪れが四・五日絶えているのを嘆いて、姫君が詠んだ歌である。

(2)「二つの掛詞に留意して」とあるので掛詞を探す。「人ごころ→あき」の文意は「人ごころ→飽き」の意味が通る。「秋」との掛詞。「かれ」が「（木々が）枯れ」と「（人が）離《か》れ」（離れる・足が遠のく）の掛詞。ちなみに、この歌の「ほど（程）」は、「頃合い・季節」と「程・（〜し）そうな」の意味で用いられている。

(3)歌の人事的内容の箇所をつなげると、「人ごころ飽きのしるしの悲しきに、離れゆく程の気色なりけり」となる。これの「しるし」は「気配・様子・きざし」の意。「に」は逆接の接続助詞。「（〜する）程の気色」は「（〜する）程の様子・（〜し）そうな様子」の意。「〜なりけり」は、断定の助動詞「なり」の連用形に詠嘆の「けり」が付いた連語で、「～であるなあ」「～であることだよ」の意を表す。

(4)「あの方の心が私に飽きた気配なのが悲しい（＝飽きた気配なのでさえも悲しい）のに、（そのうえ私から）離れていきそうな様子であることだよ」という心情内容の歌になる。

以上を、詠歌の状況を踏まえて、要求に沿うように整理して答える。

問四　（敬意の方向）

傍線部は、地の文の箇所であるから、作者（「物語の語り手」とする場合もある）からの敬意となる。「導ききこえてけり」は、「少納言の君が少将を導き…」となる。「きこゆ」は謙譲語の補助動詞で、客体（誰それをナド）への敬意を表すので、少将への敬意を表していることになる。

問五　（文学史）

「虫めづる姫君」「短編物語集」が決め手になる。平安・鎌倉時代の作品の中で、短編物語集は『堤中納言物語』だけである。

配点・採点基準　（計30点）

問一（各3点）

①＊「はかばかしく」は「しっかりと」「十分に」「頼もしく」などが正解。
間違いは-2点。

＊「乳母だつ人」は「乳母のような人」「乳母のように世話をする人」が正解。間違いは-2点。

②＊「かけても」は「まったく」「全然」「少しも」が正解。間違いは-2点。

＊「思し寄る」は「思い付きなさる」「考え付きなさる」「考え及びなさる」が正解。間違いは-2点。

＊敬語が出ていないもの、打消になっていないものは、各-2点。

③＊「うちなびく」は「心を寄せる」「心が傾く」などが正解。間違いは-2点。

＊「たまふ」の尊敬の訳が出ていないもの、-2点。

＊「る」は「ている」「ていた」「た」が正解。間違いは-1点。

④＊「ただならぬ」は「並々ではなく涙に濡れる」が正解。内容が合っていれば表現が違っても可。

問二（各4点）

＊それぞれ①～③の内容が出ていないもの、間違いは、各-2点。

(1)①少将の、②逢いたいと（心に）思うほどには③姫君のもとに通わなかったこと。

(2)①父親から、②両親が亡くなり生活も苦しい姫君のもとへは③通ってはならないと禁じられたから。

＊文末が「～から。」「～ので。」など理由説明の形となっていないものは-1点。

問三（5点）

＊①～③の内容が出ていないもの、間違いは、各-2点。

①少将の心が自分に飽きた気配であることさえ悲しいのに、②そのうえ自分から離れていくようだと、③少将の訪れが絶えているのを嘆く心情。

＊文末が「〜心情。」「〜思い。」などとなっていないものは-1点。

採点例

人の心というものは、秋になると飽きが来てしまうような兆候がみられるのが悲しいものだが、心も枯れ、相手への思いも離れてしまうような様子があるのだなあ。

①-2
②自分への…-2
と…③なし-2
0点

問四（3点）

＊作者（＝筆者）から（右大将の御子の）少将だけが正解。部分点なし。

問五（2点）

＊漢字の間違い0点。「堤中納言」をひらがな書きしたもの、1点。

語句チェック！（□は設問にかかわる語句）

□ものす＝代動詞。文脈から何をするか分かる場合に使う。ここは「いる・過ごす」の意。
□何事につけても生ひ出づ＝何事に関してもすばらしく成長する。
□かくる＝死ぬ。「隠る」と表記。
□古里＝実家。自分の家。
□ながむ＝もの思いに沈む。
□乳母だつ人＝乳母のような人。乳母のように世話をしてくれる人。
□若き人々＝若い女房たち。
□さぶらふ＝「お仕えする」意の謙譲語。
□人目まれ＝人の訪れがほとんどない。
□知るよし＝知る縁。知る機会。
□聞こえわたる＝申し上げ続ける。ここは「求愛し続け申し上げる」の意。ここの「〜わたる」は、「〜し続ける」の意。
□かやうの筋＝このような方面。恋愛の方面。
□かけても〜打消＝まったく…打消。
□思し寄る＝思い及びなさる。考えつきなさる。「思ひ寄る」の尊敬語。
□色めきたる若き人＝男女のことに長《た》けた若い侍女。
□たより＝ここは「（前もって）知らせること」の意。
□御とのごもる＝お休み（ご就寝）になる。「大殿籠る」と同じ。
□心ざし＝ここは「恋心」「愛情」の意。
□御帳（みちやう）＝貴人の御座所の帳《とばり》、または帳台《ちょうだい》。御座所や御寝所をいう。ここは御寝所。
□あはれに思す＝いとしくお思いになる。「思す」は尊敬語。
□うち忍びつつ通ふ＝人目を忍んで通う。
□人のほど＝身分。人品。
□くちをし＝期待はずれだ・残念だ。
□何かは〜＝「なんで…することがあろうか、することはない」という反語表現。

□忍びすごす＝我慢して過ごす。
□さのみはいかがおはせむ＝そのようにしてばかりはどうしていらっしゃれようか、いらっしゃれない。ここの「いかが」は反語。
□さるべきに＝そうなるはずの前世からの宿命に。
□うちなびく＝心を寄せる。（相手に）心を開く。
□らうたし＝可愛い。
□おのづから＝たまたま。
□あてに＝高貴で。形容動詞「あてなり（貴なり）」の連用形。
□いぶせし＝心が晴れない。
□御袖ただならず＝お袖が涙で並々ではなく濡れる。
□いつ習ひけるぞ＝いつ（このような習慣を）身につけたのだろうか。「いつの間にか身につけてしまった」という気持ちを表す。）
□しるし＝「（ある現象が現れる）気配・（あることが現れる）様子・きざし」（兆・徴）・「あかし」（証）。ほかに、漢字「標」「印」「験（効験・霊験・効果）」を当てる意味がある。
□かる＝「離る」で「離れる・足が遠のく」の意。「（植物が）枯る」との掛詞。

ここに着目しよう！

＊明示されていない主体を読み取る。
(1) 動作・行動などを表す「**動詞**」や「**心情語**」に注目して、登場人物の中の誰の行為が該当するか、誰の心情が該当するかを推理する。
(2)「**敬語**」（尊敬語・謙譲語）に注目して誰が主体か判断する。
＊掛詞を使った歌の心情の把握は、「あき」は「飽き」の意で取り、「かる」は「離る」の意で取るように、人事・心情に関する言葉で取っていくようにする。

10 『源氏物語』

■首都大学東京■

解答

問一 （Ⅰ）父親の親王がお亡くなりになってしまった影響

（Ⅱ）たいそう残念な（姫君の）ご宿命であることよ（＝ご宿命であったなあ）。

問二 ①＝エ ②＝ウ ③＝ア ④＝イ

問三 （a）＝ウ （b）＝ウ （c）＝ウ （d）＝イ

問四 末摘花の、身に余る源氏の情けを恐縮しありがたく思う気持ち。

問五 ウ

問六 心細く貧しい末摘花のもとでの生活が、源氏の出現で世間並みになり、その生活になれてしまっていたから。（49字）

出典

『源氏《げんじ》物語《ものがたり》』 平安時代中期の作り物語。紫式部の作。一〇一〇年代前半の成立。光源氏（源氏の君）の物語を中心にその子・孫の代までの物語が綴られる大長編物語。我が国の物語を代表する作品で、後世への影響が大きい。江戸時代の国学者本居宣長は、「もののあはれ」を表現した物語として論じた。出題本文は「蓬《よも》生《ぎう》」の巻から。

本文の内容

父親を亡くした常陸宮の姫君は、経済的に不如意な暮らしをしていたが、源氏の君が通うようになってから、その庇護を受けて暮らし向きがよくなっていた。ところが、源氏の君が須磨に退去し、音沙汰もなくなってしまい、生活も以前のように苦しくなってしまう。

古くから仕える女房たちは、姫君に同情するとともに、昔と同様の心細い状態になったことを嘆く。源氏の君が通い出してから仕えた新参の女房たちは、次々にお屋敷から去っていった。

現代語訳

常陸の宮の姫君は、父宮がお亡くなりになってしまった影響で（＝ために）、他に大事に世話をする人もいない御身の上で、ひどく心細い様子であったが、思いがけない（源氏の君との）ことが生じて、お通い申し上げなさることが絶えなかったのを、（源氏の君の）盛んなご威勢にとっては、たいしたことでもなく、ほんのちょっとした間の（気まぐれの）ご愛情にすぎないと（姫君は）お思いになっていたけれど、（源氏の君を）待ち迎えなさる（姫君方の）袂が狭いので（＝暮らし向きがなにぶん貧しいので）、まるで大空の星の光を盥《たらい》の水に映しているような（身に余る）気持ちをしてお過ごしになっていた、そのうちに、このような（源氏の君に関する）世間の騒ぎが起きて、すべての世の中のことをつらく感じてお心が乱れなさったそのごたごたで、（源氏の君の）特別深くはない方への愛情はすっかり忘れたような状態で、遠く（須磨に）いらっしゃってしまった後は、わざわざ（姫君の暮らし向きまで）お尋ね申し上げなさることもできない（でいる）。その（源氏の君とのお付き合いの）余韻で（姫君は）しばらくは泣く泣くではあってもお過ごしになったが、年月が経つにつれてしみじみと淋しいご様子である。

古くからの女房たちなどは、「さてもまあ、たいそう残念な（姫君の）ご宿命であることよ。思いがけず神か仏が現れなさっているようであった（源氏の君の）御心遣いに、『このような身を託せるお方も、人（＝姫君）はおできになるものなのだなあ』とめったにないほど素晴らしく思われて見申し上げたのに、（移り変わりは）世間普通のこととはいうものの、ほかに頼る方がいない（姫君の）ご様子が悲しい」とつぶやいて嘆く。そのような（頼る人もなく経済的に貧しい）生活になれてしまっていたかつての数年間は、どうしようもない心細さにもなれて（姫君たちは）お過ごしなさっていたのに、（源氏の君の恩恵を受けて）なまじ多少世間並の暮らしに馴染んでしまった年月によって、（古くからの女房たちは、元に戻った生活を）とても耐えがたく思って嘆くにちがいない。少しでも役に立ちそうな女房たちは、（源氏の君が通うようになってから）自然と参上して居ついていたのに、みな次々に続いて（お屋敷から）去って行ってしまった。女房で亡くなった者もあって、月日が経つに従って、身分が高い者の人数も低い者の人数も少なくなっていく。

設問解説

問一（現代語訳）

(Ⅰ)　「名残に」がポイント。「名残」は、一説に「波残り《なみのこ》」が縮まった語で、波が退いた後に残る「余波」の意味がもとの意だといわれる。そこから「その後の影響」「余韻」「別れを惜しむ気持ち」「別れ」「子孫」などの意味が生じたというわけである。ここは父宮が亡くなった「名残に」とあるから、「（～したその）影響」「（～した）ため」などが該当する。

(Ⅱ)　「口惜しき」は「期待はずれな・残念な」の意。「宿世」は「宿命」。「～なりけり」（断定の助動詞「なり」＋気づき・詠嘆の助動詞「けり」）は、「～であったなあ・～であることよ」と気がついた気持ちなどを表す。

問二（識別）

① 連体形接続の助詞「を」に接続している「し」なので、過去の助動詞「き」の連体形。

② 文中から「し」をカットしても「ふりはへても…」（わざわざも…）と前後の意味が通る。こういう特徴を持つのは、強意の

副助詞「し」。

③ 動詞「過ぐす」（四段活用）の連用形「過ぐし」の一部。

④ 「すこしも」という副詞の一部。

問三 （人物把握）

誰の「御〜」を表しているのかを考える。

(a) 「御勢ひ」は「ご威勢」の意。「いかめしき」はプラスの意で「盛んな」「威厳に満ちた」など。源氏の君の「勢ひ」となる。

(b) 「御情」の「情」は「愛情」の意。「はかなきほどの」（ちょっとした間の）に注目し、末摘花への源氏の君の「愛情」と取る。

(c) 「御心ばへ」の修飾部分に注目する。「神仏の現れ…やうなりし御心ばへ」とあるから、女房たちにとって神仏にたとえられる出現者の「御心ばへ」と考える。源氏の君の「心ばへ」（心遣い・思いやり）となる。

(d) 「御ありさま」は女房達の会話文中にあり、「頼む方なき…」（頼るお方もいない…）とあるので、主人である末摘花の様子をいう。

問四 （心情説明）難問の一つ。

まず、「〜心地して過ぐしたまふ」と尊敬語が添えられているので、末摘花の心情を述べた箇所と判断する。

次に、「大空」の広がりと「盥《たらひ》」の小ささが対比されていることに注目し、「大空の星の光を盥の水に映したる心地」とは、「広々とした大空に輝く無数の星を、小さな盥の中にほんのわずか映している気持ち」というのだから、ひろやかで有り余るものを、十分に受け止められないでいてもったいなく思う気持ちを喩えていることになる。

「大空の星の光」は、身に余る源氏の君の情けを喩え、それを「盥の水に映す」とは、源氏の君の情けをありがたく思いながら、その情けを十分に受け止めて応じることができないために、恐縮する末摘花の気持ちを喩えることになる。「末摘花の、源氏の君のひろやかで有り余る情け（＝愛情）をありがたく思いながらも、それに対して十分に対応できないでいることを恐縮する気持ち」などとなり、これを短くまとめることになる。

問五 （意味）

「さる方」は「そのような方面」。前の「頼む方なき御ありさま」を受ける。「頼む方なき御ありさま」は、頼る人もいない経済的に不如意な（＝貧しい）生活をいう。「ありつく」は「生まれつく」「（環境に）なれる」の意で、ここは「（環境に）なれる」。「あなたの年ごろ」は「以前の多くの年月」「過去の数年間」の意。

選択肢アは「あなたの若い頃」、イは「仕事がやっと入った」、エは「やり方がよく似合っていたあなたの若い頃」が決定的に間違っている。

問六 （理由説明）

(1) 何を「たへがたく」（耐えるのが難しく）思うようになったのか。源氏の君の庇護がなくなった後の、以前のように貧しい末摘花のもとでの「言ふかひなきさびしさ」をであろう。この「さびしさ」は、必要なものが不足している「心細さ・貧しさ」をいう。

(2)それでは何故そう思うようになったのか、傍線部の前の「なかなかすこし世づきてならひにける年月に」に注目する。「いとたへがたく思ひ嘆く」ようになったのは、「なかなか…年月」があったからだというのである。「なかなか」は「なまじっか」の意。「世づきて」は「世間並みの暮らしになって」の意。「ならひにける」は「（それに）なれてしまった」の意。

(3)つまり、源氏の出現で暮らしが世間並みになり、その生活になれてしまった年月があったために以前の貧しい生活が耐え難くなったというのである。これをもとに、五〇字以内で答えることになる。

配点・採点基準　（計40点）

問一（各4点）

(Ⅰ)＊①～③の箇所で間違いがあれば、各-2点。

①父親王の亡せたまひ　②にし　③名残

①「亡せたまひ」の尊敬が出ていなければ不可。

②「にし」は「てしまった」「た」が可。

③「名残」は「影響」「ため」が可。

(Ⅱ)＊①②の箇所で間違いがあれば、各-2点。

①いと口惜しき　②御宿世なりけり。

①は「いと」「口惜しき」のどちらか間違っている場合、不可。「口惜しき」は「残念な」「期待はずれの」が可。

②「御宿世」「なりけり」のどちらか間違っている場合、不可。「御宿世」は「ご宿命」「姫君の宿命」「前世からの因縁」が可。「宿世」のままは不可。「なりけり」は「であった（よ）」が可。「なり」の断定の意が出ていること。「た」は「たよ」「たなあ」が可。「た」も可。

問二（各2点）

問三（各2点）

問四（5点）

＊①～③の内容が出ていないもの、間違いは、各-2点。ただし、②③ともに間違っている場合は、0点。

①末摘花の、②身に余る源氏の情けを　③恐縮しありがたく思う気持ち。

③「恐縮する気持ち」「ありがたく思う気持ち」だけでも可。
＊文末が「～気持ち。」などとなっていないものは-1点。

採点例

後見人もないまま心細い様子でいた常陸の宮の君の、思いがけず星の光のような源氏の愛情を受けた幸せな気持ち。

②不十分-2　③-2　1点

問五（4点）

問六（7点）

＊①は2点。②③は各3点。①～③の内容が出ていれば、表現が異なっていても可。

①2点 心細く貧しい末摘花のもとでの生活が、②3点 源氏の出現で世間並みになり、③3点 その生活になれてしまっていたから。

③「生活」は「暮らし向き」などでも可。
＊文末が「～から。」「～ので。」など理由説明の形となっていないものは-1点。

語句チェック！（□は設問にかかわる語句）

□名残に＝その（後の）影響で・そのために（←物事が過ぎ去ったり、人が亡くなった場合）。
□思ひあつかふ＝大事に世話をする。「思い悩む」の意味（既出）もある。
□いかめし＝おごそかで重々しい・威厳に満ちる・盛んだ。
□勢ひ＝威勢・権勢。
□事にもあらず＝たいしたことではない。
□はかなきほど＝ちょっとした間。
□待ち受く＝待ち迎える。来るのを待つ。
□袂《たもと》の狭《せば》き＝「着物の袂が狭いこと」とは「暮らし向きが不如意なこと・貧しいこと」を喩える。
□大空の星の光を盥《たらひ》の水に映す＝有り余る恩恵などを十分に受け止めかねることを喩える。
□なべての世うく＝押しなべての（＝すべての）世の中のことがつらく。「うく」は「憂し」の連用形。
□紛れに＝「ごたごたで」。
□わざと＝わざわざ。特別に。
□心ざし＝愛情。
□たづねきこえたまはず＝「たづぬ」は、文脈から「（安否を）尋ねて世話をする」の意。「きこえ」は謙譲語の補助動詞で、末摘花に対する敬意を表す。

□さびし＝（必要なものが足りない状態で）心細い。ここは暮らし向きの貧しいことをいう。
□古き女ばら＝古くから仕えている女房たち。
□いでや＝なんとまあ・さてもまあ。感動詞。
□宿世＝宿命。前世からの因縁。
□おぼえず＝思いがけない。
□出でおはす＝出ていらっしゃる。お生まれになる。おできになる。
□ありがたし＝めったにないほど素晴らしい。
□おほかたの世＝世間一般。世間で普通のこと。
□ありつく＝環境や生活になれる。
□あなたの年ごろ＝かつての数年間。以前の多くの年月。
□目馴《めな》る＝見慣れる・なれる。
□なかなか＝かえって・なまじ。
□世づく＝世間並みになる。
□ならふ＝なれる・馴染む。
□おのづから参りつく＝自然に参上してお屋敷に居つく。源氏の君との関係を知って、姫君のもとに宮仕えに来たことをいう。
□次々に従ひて＝次々に続いて。
□命たへぬも＝「命耐へぬ（者）も」で、命が耐えられない者も。死んだ者も。
□上下《かみしも》の人＝身分の高い女房も低い者も。

ここに着目しよう！

＊息の長い文（読点で次々に続き、句点までが長い文）の場合、

①**接続助詞の辺りでいったん区切り**、その前の箇所の内容をまとめながら読んでいく。

②主語が明示されていないことが多いので、前書きや注を参考にして登場人物を把握して読んでいく。

③その箇所の主語として誰が適切か、行為などを表す動詞や敬語、心情を表す形容詞や形容動詞に注目して登場人物の中から判断していく。

＊比喩表現「袂の狭き」「大空の星の光を盥《たらひ》の水に映したる心地」などが、どのような内容を表しているかを推理できるようにしておく。「袂が広い」「袂が狭い」とはどんなことを喩えているのか、「大空」に対して「盥の水」とはどういう点を対比しているのか、というように**対比化して考えてみるといいアイディアが浮かぶ場合が多い**。

11 『俊頼髄脳』 ■奈良女子大学■

解答

問一 a 二人連れだって(=二人一緒に)、
b 決着はつけよう(=はっきりさせよう)。
c 京に帰ってすぐに、
d 早く聞きたいという様子で、

問二 大水によって家々が湖に水没して、垣根の(木々の)先だけが見える所を、舟が漕ぎ分けるように進んでいる状態。

問三 弟の歌への返歌は詠むことができないということ。

問四 弟から兄の僧都への、自分の歌には兄が言うような欠点はまったく見いだせないという反論。

問五 弟の歌への兄の批判に弟が反論したことから議論になり、父親にどちらが正しいか判断してもらおうということになった経緯を父親に話したこと。

問六 弟の歌を、(そのような光景を目にしたら)そう詠むのも当然だと認める一方、兄の批判も、(歌の内容が「まがきの島に恥を」かかせているから)正しいと肯定した。

問七 洪水でわずかに垣根の先だけが見える光景を歌うのに、歌の名所「まがきの島」を引き合いに出して名所を粗末に扱ったこと。

出典

『俊頼髄脳《としよりずいのう》』 平安後期の歌論書。源俊頼《としより》の作。一一一〇年代前期の成立。当時の関白の娘の作歌手引き書として書かれたもので、和歌の略史、種類、病《やまい》、効用、技法などを説話的内容を交えながら記している。俊頼は革新風の詠歌を推進した歌人で、五番目の勅撰和歌集『金葉《きんよう》和歌集』を撰進した。

本文の内容

一首の歌が提示される。それは、洪水に見舞われた大津の辺りの光景を見て、公忠《きんただ》の弁《べん》の子である寛祐《かんゆう》の君《きみ》が詠んだものであった。一緒にその場にいた兄の僧都が、弟の歌に欠点があることを指摘する。弟は欠点はないといって議論になる。決着がつかないので、父親に判断してもらうことにして都に帰った。父の公忠は、弟がそう詠んだことも当然だといって認めたが、兄の指摘も間違っていないという判断を下した。それは歌の名所「まがきの島」に恥をかかせているという欠点の指摘であった。

現代語訳

みづうみと…=もしここが湖だと思わなかったならば、陸奥の(歌の名所である)まがきの島と見て通り過ぎたことだったろうか。

この歌は、公忠の弁の子どもに当たる、観教僧都と寛祐の君といった人とが、兄弟二人連れ立って、竹生島といった所へ出かけたが、その年は、格別に雨が降って、大水が出ていたので、大津の辺りの小家どもは、みな湖に水没して、わずかに垣根の（木々の）先だけが見えていた中を、（舟が）漕ぎ分けるように進んでいったのを見て、寛祐の君が見て、僧都に詠んだ歌である。「この歌、返歌をするのが当然であるが、大きな欠点がある。だから、返歌をすることはできないだろう」と（僧都が）申したので、（寛祐の君は）「まったく欠点が思いつかない」と言って、二人で議論したが、お互い「父親の弁に申し上げて、決着はつけよう」と申して、京に帰ってすぐに、（父親のもとへ）行って、「このようなことがございました」と語ったところ、父の弁が聞いて、この歌をじっくりと検討して、すぐに（判定を）言わなかったので、二人とも、不審に思って、伸び上がるようにして、早く（判定を）聞きたそうな様子で、座っていたところ、（公忠の弁は二人に）じっくりと考えさせて、しばらくしてから、「どうしてそのようにも詠まないことがあろうか、そう詠むのが当然だ。また、（欠点があるという）非難もその通りで道理が通っている」と判定した。（その）欠点は、「まがきの島と見て通り過ぎた」という表現は、（歌枕である）まがきの島に対して恥をかかせているのであると非難したという。

設問解説

問一（現代語訳）

a「具す」は「連れだって」の意。

b「一定」には「確実なこと」の意もあるが、ここの「一定」は「一つに定めること」の意味。「せ」はサ変動詞。「む」は勧誘の助動詞。「どっちが正しいかはっきりさせよう」「決着をつけよう」などとなる。

c「ままに」は「すぐに」の意。「京に帰ったすぐに」となるが、「京に帰ってすぐに」「京に帰ったその足で」「京に帰った後すぐに」などと訳す。

d「とう」は「はやく」の意の副詞。「聞かまほしげに」は「聞きたい様子で」。「まほしげに」は、助動詞「まほし」から派生した形容動詞型の助動詞「まほしげなり」の連用形。「〜したい様子だ」の意を表す。「て」は接続助詞。

問二（状態の説明）

大水によって、「小家ども、みな湖にひたりて、わづかに垣根の末ばかり見えけるなかを、わけ行きける」状態を、わかりやすく説明する。下の句の「まがきの島」と間違えるような情景になっている状態を説明する必要があるので、「水没」だけの説明では不十分。「垣根の末」は垣根として植えていた木々の先と思われるが、そこまで答えなくてもいい。ちなみに「まがきの島」の「まがき（籬）」は「垣根」の意。寛祐の君（弟）は、洪水の中で「垣根」だけが頭を覗かせている情景を目にして、名所「まがきの島」の名を想起し、「まがきの島」と見間違える光景だと詠んだのである。

問三（内容説明）

「え〜じ」の不可能推量に気をつけて解釈し、何を「えすまじ」（することができないだろう）といっているのかを補うことになる。「返し、えすまじ」となる。

問四（内容説明）

「さらに難覚えず」は「まったく欠点が思いつかない」という意。「さらに〜打消」は「まったく〜打消」の意。「難」は「欠点」。「覚えず」は「思われない・思いつかない・思い浮かばない」の意。兄の僧都がこの歌には大きな「難」（欠点）があると批判したことに対する弟からの反論。

問五（内容説明）

①兄の僧都が弟の寛祐の君の歌には大きな欠点があるといったことに対して、②弟がまったく欠点は見いだせないと反論したことから議論になって、③決着がつかず、父親にどっちが正しいか判断してもらおうということになって、父親に相談したという、以上の経過を答えることとなる。これを短くまとめ、「弟の歌に対する兄の批判に弟が反論したことから議論になって決着がつかず、父親にどちらが正しいか判断してもらおうということになって父親に話したこと。」などとなる。

問六（内容説明）

一つは、「などかさも詠まざらむ」（「などか」は反語。「さも」は「そうも」）と言って弟の歌を認めたことである。「などかさも詠まざらむ」は「どうしてそのように詠まないことがあろうか、（そのような光景を目にしたら、）そう詠むのが当然だ」の意。

いま一つは、「また、難もいはれたり」が該当する。「いはれたり」は「言われたとおり」がもとの意で、「その通りだ・もっともだ」の意の連語として用いられた。兄の批判を認めているわけであるが、それは弟の歌の「まがきの島と見てすぎぬ」が「まがきの島に恥を」かかせているからだと言ったとある。解答欄に余裕があったならば、この点も答えに含めておくのがいいだろう。

問七（内容説明）

設問の「『まがきの島』をどのように扱ったことについて言ったものか」に注意する。注に「まがきの島」は歌の名所とある。つまり、歌の名所の扱い方が批判されていることになる。

歌の名所とは、いわゆる名所歌枕《うたまくら》であるが、名所歌枕は長く詠み継がれてきた由緒ある所で、軽々しく扱えない重みを持っていた。それなのに、洪水での光景をその名所に見間違えるほどだと、詠んだわけであるから、名所を粗末に扱ったことになり、それが「名所に恥をかかせている」と判断されたのである。

配点・採点基準 (計40点)

問一 (各2点)

a＊「二人で」が可。「二人を」は不可、0点。「具して」は「連れだって」が可。「(〜を)連れて」は不可、0点。全体「二人一緒に」は可。

b＊「一定はす」は「(どっちが正しいか)はっきりさせる」「決着をつける」の意が出ていること。表現は違っても可。間違いは0点。「む」は勧誘「〜しよう(よ)」の意。間違いは-1点。

c＊「ままに」は「するとすぐに」の意が出ていること。「〜やいなや」などは可。間違いは、0点。

d＊「とう」は「早く」。「すぐに」も可。「聞かまほしげにて」は「聞きたそうにして」「聞きたい様子で」などの状態・様子の意が出ているものが可。間違いは、各-2点。

問二 (6点)

＊①〜③の内容が出ていないもの、間違いは、各-2点。表現が異なっていても内容が合っていれば可。カッコ内の内容は出ていなくても可。

①大水によって家々が(湖に)水没して、②垣根の(木々の)先だけが見える所を、③舟が漕ぎ分けるように進んでいる状態。

①は水没状態が出ていれば、可。

＊文末が「〜状態。」となっていないもの、-1点。

問三 (4点)

＊内容が合っていれば、可。文末「〜こと。」となっていないもの、-1点。

問四 (5点)

＊①②の内容が出ていないもの、間違いは、各-3点。

①弟から兄の僧都への、②自分の歌には兄が言うような欠点はまったく見いだせないという反論。

＊文末が「〜反論。」となっていないもの、-1点。

問五 (6点)

＊①〜③の内容が出ていないもの、間違いは、①③は各-2点、②は-3点。表現は違っても可。

①弟の歌への兄の批判に弟が反論したことから議論になり、②父親にどちらが正しいか判断してもらおうということになった経緯を③父親に話したこと。

＊文末が「〜こと。」となっていないもの、-1点。

問六 (6点)

＊①②各3点。細部の間違い・表現不足は、それぞれ-1〜-2点。カッコ内は出ていなくても可。

①弟の歌を、(そのような光景を目にしたら)そう詠むのも当然だと認める一方、②兄の批判も、(歌の内容が「まがきの島に恥を」かかせているから)正しいと肯定した。

採点例

そう詠まないわけにはいかないし、また欠点があるというのも本当だと判定した。

「何が」あるいは「何を」がない-1　表現-1　「兄の指摘」-1　3点

問七（5点）

＊①が出ていないもの、間違いは、-2点。②が間違っている場合は、全体0点。表現は違っても内容が合っていれば、可。

① 洪水でわずかに垣根の先だけが見える光景を歌うのに、② 歌の名所「まがきの島」を引き合いに出して名所を粗末に扱ったこと。

＊文末が「〜こと。」となっていないもの、-1点。

語句チェック！（□は設問にかかわる語句）

□見てやすぎまし＝見て通り過ぎたことだったろうか。「や」は疑問の係助詞。疑問的詠嘆の意を表す場合もある。「まし」は反実仮想。

□具す＝伴う・連れ立つ。

□まかる＝出かける・下る。「まかる」は、平安時代になると謙譲の意味が薄らぎ、改まった気持ちを表す語として用いられるようになった。

□語る＝ここは「声に出して詠む」意。

□難＝欠点。ほかに「非難」の意味の場合がある。

□え〜じ＝〜することはできないだろう。「じ」は打消推量の助動詞。

□申しけるに＝ここの「申す」は改まった気持ちを添えた丁重語。

□さらに〜ず＝まったく〜（し）ない。「さらに」は呼応する副詞。

□覚えず＝思いつかない。感じない。

□おのおの＝めいめい・お互い。

□一定＝一つに定めること。決着をつけること。「一定」には「確かなこと」の意もある。

□案ず＝思案する・検討する。

□とみにも＝すぐにも。

□とう＝早く。

□聞かまほしげに＝聞きたそうな様子で。

□思はしむ＝「しむ」は使役。二人に落ち着いてじっくり考えさせる時間を取ったのである。

□とばかりありて＝しばらくして。

□などか〜ざらむ＝どうして〜しないことがあろうか、（いや）〜する。反語表現。

□いはれたり＝連語「言はれたり」。助動詞「れ」は受身と尊敬の説があるが、「その通りだ・もっともだ」の意で用いられる。

□判ず＝判定する。

ここに着目しよう！

＊反実仮想の表現は助動詞「まし」を使って表すが、そのバリエーションが多い。「～ましかば～まし」（もし～だったならば、…だったろうに）、「～せば～ましやは」（もし～だったならば、…だったろうか、いや～ない。「やは」は反語が多い）「～未然形＋ば～や～まし」（「や」は疑問か反語）などの解釈問題が多いことに注意しよう。

＊歌論の文章で、歌の優劣や表現の適不適が話題になっている場合、その批評の視点や判断の根拠が問われることが多い。問七の「『まがきの島に恥を見するなり』とは『まがきの島』をどのように扱ったことについて言ったものか」というのもその一例である。

■お茶の水女子大学■

解答

問一 遠くのものは、梅の花の香りのように素晴らしく感じられるということ。
（別解）遠くに離れている子どもや孫のことは（嫌な面を見ないで済み）、よく思われるということ。

問二 （2）これは、この仮の世が、仮の住み処であることを忘れないための方法であるのだよ。
（3）もったいないほど素晴らしい風景もどうして飽きないでいられようか、飽きないではいられないだろう。

問三 気候や基本的な食べ物、地理的・場所的な面での条件の良さ。

問四 （a）強意の助動詞「ぬ」の未然形「な」に、推量の助動詞「ん（む）」の終止形が付いたもの。
（b）強意の係助詞。

出典

『翁草《おきなぐさ》』 江戸時代後期の随筆。俳人・随筆家の神沢杜口《かんざわとこう》の著。一七九一年成立。諸書、諸記録の抄録や見聞したことを記した大部の随筆で、内容は歴史、地理、文学、芸能など興味を抱いた万般のことにふれている。杜口は京都町奉行所の与力《よりき》であったので、京都の事件や風俗について記述した章もあり、近世後期の京都の風俗を知る随筆としては第一級の作品である。

本文の内容

仮の世であるこの世では仮の住まいに住むのがいい。自分は都に住むこと八十年になるが、それは都の良さがあるからだ。気候がよく、米は白く、味噌・醤油がうまい。その上また旅をするにも場所的に都合がよく楽しい。

ところで、子や孫とは離れて暮らすのがいい。自分が今まで住まいを替えたのは一八ヶ所、それは、仮の住み処であることを忘れない方法なのだ。同じ所に住み続けると新鮮な感情がなくなってしまう。ただし、風景のいいところや遊里に近いところは避けた。それぞれ難点があるからだ。街の中にひっそりと暮らしていると、物には不自由しないし、どこへ行くにも程《ほど》よく都合がいい。

現代語訳

仮のこの世では、仮の住まい（に住むの）がよい。雲水《うんすい》の身もうらやましい感じがするのだけれど、私が都の美に馴れ親しむこと八十年、いまさら雲水の（暮らしをしたいという）望みはなくなった。その（都の）美というのは、派手でおごった美をいうのではない。着物は（冬は）木綿が暖かい。（夏は）麻布が涼しい。食べ物は米は白米で、味噌・醤油がうまい。これが都の美（＝良さ）ではないだろうか。また旅に出たくなった時は、千里の千の字の（第一画の）点を取り除いて、十里の行程にして、畿内や近国を歩き回り、いやになると、数日で我が住まいへ戻る。出かけるのも帰るのもすぐなので、嫌になることもなく、おっくうに感じることもなく、ただ楽しいだけである。

世の中の人の多くは、自分の生まれた家で年老いて、子や孫の身内に嫌がられ、粗末に扱われ、その体も心も思い通りにはならないので、子や孫をいびり、貪欲や怒りや愚痴からすっかり逃れることができない。これは仮の世（であること）を忘れているのと同じだ。私も子や孫がいないわけではないが、その絆を断ち切って、節目ごとに会う（だけな）ので、「遠いが花の香」で、互いに（相手を懐かしみ、会うのが）うれしい気持ちになる。家を建てたりしないので、子や孫の邪魔にもならない。私が仮の住まいをそっちこっちと住み替えることは（今まで）十八ヶ所、さらに生き続けたならば、またきっと住み替えるだろう。これは、この仮の世が、仮の住み処であることを忘れないための方法であるのだよ。一、二年（同じ所に）住むと飽き、飽きると余所へ移り、移るとまた目新しさによって活力を養う。良い所でも悪い所でも一ヶ所にとどまらない。禅者が言うことには、「悟りを開いて仏（＝悟った者）になっても、同じ所に留まっていては、その仏は死仏であって、何の役にも立たない」と言っている。本当に浮き世もみなこの言葉の通りである。これでよいと（思い）気持ちが思わずゆるむと、すぐにその油断から突然の災難も起こるのだ。そうかといって、現状の上に上にと限りない人間の欲望を積み重ねろということではない。ただ、（これでよいと思って）油断するなというだけなのだ。私の（心掛けているの）はそのような難しい工夫ではない。同じ所に住み続けると新鮮な感情がなくなってしまうために、このように（何度も）住み替えるのである。それも良い景色の所や、あるいは遊里に近い所には一度も住んだことはない。これは面白すぎ、にぎやかすぎるという難点があるからだ。景色もたまに見るからこそ感興も湧くように見えるが、四六時中見るならば、もったいないほど素晴らしい風景もどうして飽きないでいられようか、飽きないではいられないだろう。街の中にひっそりと暮らしていると、物には不自由しない。どこへ行くにも程《ほど》よく都合がいい。

設問解説

問一　子や孫と離れて暮らしている良さに触れていることに注目する。「遠いが花の香」は「遠きが花の香」のイ音便。「遠いのが花の香（のように感じられる）」の意。「遠くのものは、梅の花の香りのように素晴らしく感じられる」という内容。それでは近くはどうか。品がないが、「近くは糞の香」という。文脈の内容を踏まえ、「遠くに離れている子どもや孫のことは（嫌な面を見ないで済み）、よく思われるということ。」と具体的に答えてもいい。

問二

(2)　「これ」は、設問で具体化するように指示していないので、具体化する必要がない。「仮の世の仮なることを」は「この仮の世が仮の住み処であることを」の意。「たづき」は「方法・手段」の意。「〜なりけり」（断定の「なり」＋詠嘆の「けり」）は「〜であるのだよ・〜であることだ・〜であったよ」などとなる。

(3)　「あたら」は「もったいないほどの」、ここは「もったいないほど素晴らしい」などの意。「風色」は「風景・景色」。「などか飽かでやはあるべき」の「などか〜で」は「どうして〜しないで」（「で」は打消の接続助詞）。係助詞「やは」は反語。「〜でやはあるべき」は「〜しないでいられようか、〜しないではいられない」という意味。「べし」は可能推量が適切。「どうして飽きないでいられようか、飽きないではいられない（だろう）」「きっと飽きるにちがいない」といっているが、「これ都の美ならずや」の前に、着る物（布地）を通してその過ごしやすさに触れ、続いて、米などの食べ物のよさに触れているので、「都の良さ」を「都の美」といっていることをつかむ。「衣は木綿暖かし。布涼し」は、冬を木綿、夏を布（麻布）で快適に過ごせる気候だということ。都の過ごしやすい気候をいっていることになる。この箇所が気候的な面での過ごしやすさに触れていることを把握するのが大事。「米白く」は、うまい白米が食べられるということ。味噌・醤油は基本的な調味料で、その味がよいというのである。さらに、「はた」（その上また）と続けて述べている地理的・場所的なよさとその利便性も「都の美」に含むことになろう。文章の最後でも生活レベルでの場所的利便性に触れていることが注目される。以上を文章全体を俯瞰して要点的に把握すると、気候・基本的な食べ物・地理的・場所的な面での過ごしやすさ、つまり生活する基本的な条件が良いということを、「都の美」といっていることがわかる。それぞれの点について具体的に答えてもいいだろうが、設問に「本文全体の趣旨を踏まえて」とあるので、右のように要点をまとめて答えるのがいい。

問四

(a)　「生きなば〜替えなん」となっていることに注目する。「なば」の「な」は完了の助動詞「ぬ」の未然形。「もし生きたならば」

という仮定表現。文意は、「なん」を強意（完了・確述）の助動詞「ぬ」の未然形「な」＋推量の「む」で解した「もし生きたならば、きっと替えるだろう」というのが適切になる。未然形接続の誂《あつら》えの終助詞「なむ」で解すと「替えてほしい」という意になり、不適切。

(b) 「かく」という活用しない副詞についているので、強意の係助詞になる。係助詞「なむ」は活用語にも付くが、活用しない語にも付くという特徴がある。識別のポイントである。

配点・採点基準 （計30点）

問一（5点）

＊①が出ていないもの、間違いは、-2点。②が出ていないものは、全体0点。カッコ内の内容は出ていなくても、可。

①遠くのものは（梅の花の香りのように）②素晴らしく感じられるということ。

①遠くに離れている子どもや孫のことは（嫌な面を見ないで済み）、②よく思われるということ。

②は別解のように、子や孫が「よく思われる」、または「懐かしく感じる」などと答えたものも可。

＊文末が「～こと。」となっていないもの、-1点。

問二（(2)＝5点 (3)＝8点）

(2) ＊①～④の箇所で間違いがあれば、各-2点。

①これ、②仮の世の仮なることを ③忘れぬたづき ④なりけり。

③「たづき」は「方法」「方便」などが可。

④ここの「なりけり」の「けり」は詠嘆で、「であるよ」が可。「であった（よ）」も可とする。

(3) ＊①～④の箇所で間違いがあれば、各-2点。

①あたら ②風色も ③などか ④飽かで ③やはあるべき。

①「あたら」は「もったいない（ほどの）」。

②「風色」は「風景」。

③「などか～でやはあるべき」は「どうして～しないでいられようか（いや～しないではない）」という反語の意。ここはカッコ内を出さなくても反語と分かるので、出ていなくても可。

④「飽か」の意味「飽きる」が出ていること。

問三（6点）

＊④が出ていないもの、間違いは、全体0点。①～③が出ていないもの、間違いは、各-2点。カッコ内は出ていなくても可。

＊全体を、①～③のよさを具体的に答えたものも可。

①気候や ②（基本的な）食べ物、③地理的・場所的な面での ④条件の良さ。

採点例

華奢な美ではなく、衣服は木綿が暖かく、布が涼しく、米や味噌醤油もうまく、近国に旅してもすぐに戻れ、市中に住めば不自由なくどこに行くにも便利なこと。

（気候が出ていない）-2
「冬は」なし　「夏は」なし
4点

問四（各3点）

（a）＊文法的意味・品詞・活用形・終止形の説明が出ていること。「強意」は「完了」と答えても可。

＊「む」は「ん」「む」どちらか一方が出ていれば、可。表現不備は、一箇所につき-1点。

（b）＊「強意」が出ていないものは、-1点。

語句チェック！（□は設問にかかわる語句）

□華奢《くわしや》の美＝派手でおごった美。
□布＝夏に着る麻布。
□行脚《あんぎや》＝旅に出ること。
□千の字の点を取りのけて＝「点」は「千」の第一画の「ノ」をさす。
□経歴す＝歩きまわる。
□わびしらになる＝いやになる。うんざりする。つらい感じになる。
□倦《う》む＝いやになる・飽きる。
□懶《ものう》し＝おっくうだ・面倒だ。
□眷属《けんぞく》＝親族・身内。
□むつかしがる＝嫌がる。
□ままならねば＝思い通りに行かないので。
□子孫をいぢる＝子孫をいびる（＝いじめる）。
□〜に似たり＝〜と同じだ。
□遠いが花の香＝遠くのものは、梅の花の香りのように素晴らしく感じられる。
□ものを構はねば＝何も建てたりしないので。家などを建てないことをいう。
□たづき＝手段・方法・方便。
□めづらかなり＝目新しい様子だ。
□気を養ふ＝活力を養う。
□仏＝悟った者。
□我は＝ここは「私のは」の意。
□情が尽くる＝ここは「興味や関心がなくなる」の意。
□興あめれ＝興があるように見える。「興あんめれ」の撥音便「ん」の無表記。「めり」は推定の助動詞。「〜のように見える」「〜ようだ」の意。
□あたら＝もったいない・もったいなく感じるほどの。
□風色＝風景・景色。
□かたよらず＝片寄ることがない・程よく都合がいい。

ここに着目しよう!

＊近世随筆では**故事成語・ことわざ**が用いられ、それがどういう内容かを問われることが多い。使われている前後の内容に注意して推理する。

＊江戸時代の俳文がかった文章では、本文のように「美」といっても通常の「美」の意味ではないことがある。普通そのような言葉では言わないことを、**洒落た表現として用いているのである。**設問されたら、そのことを見抜き、内容を吟味することが必要になる。

＊「などか～でやはあるべき」といった表現に注意する。「どうして～しないでいられようか、～しないではいられない」などとなる。

1 『右台仙館筆記』

■埼玉大学■

解答

問一 ア

問二 主人が銀の盆について、自分の土地から出た物は自分のもので、お前達は関係ないと主張したから。

問三 工事中に銀の盆が掘り出され、人夫達は争ったが、主人が取り上げて鋳つぶし、工事に関わっていた人々に等分に分けた。

問四 運良く死にはしなかったが、分け前としてもらった銀は使い果たしてしまった。

問五 みだりにもとむるなかれと

出典

兪樾《ゆえつ》『右台仙館筆記《うだいせんかんひっき》』

兪樾（一八二一～一九〇七）は清末の人。清代に盛行した考証学を代表する学者の一人として、また書家として名高い。『右台仙館筆記』はその随筆集で、作者が見聞した珍しい出来事を記している。

読解のポイント

ひょんなことから大金を手に入れたが、結局その分の損をした。分不相応な財貨は身につかないという教訓的な逸話である。こうした教訓的な逸話や説話においては、最後に登場人物の**セリフで教訓**が語られることが多い。時には「孔子」や「君子」など、逸話には登場しない人物のセリフで教訓が示されることもある。また、**作者のコメント**が最後に付されることもある。最後の部分をしっかりと読み取って、全体の主題を理解しよう。

読み方（漢字の音読みはカタカナ・現代かなづかいで、訓読みはひらがな・歴史的かなづかいで示す）

余《ヨ》が家《いへ》に傭嫗《ヨウオウ》の何氏《カシ》なるもの有《あ》り。天津《テンシン》の人《ひと》なり。其《そ》の郷間《キョウカン》の一巨家《イチキョカ》将《まさ》に室《シツ》を築《きづ》かんとし、人夫《ニンプ》を集《あつ》めて地《チ》を治《をさ》めしむ。何嫗《カオウ》の夫《をつと》の兄《あに》の子《こ》焉《これ》に与《あづか》る。掘《ほ》りて一銀盆《イチギンボン》を得《う》。其《そ》の大《ダイ》なること槃《バン》のごとし。争《あらそ》ひて之《これ》を得《え》んと欲《ほっ》し、遂《つひ》に喧闘《ケントウ》を致《いた》す。主人《シュジン》に聞《ブン》す。主人《シュジン》曰《いは》く、「此《こ》れ我《わ》が地《チ》なり。地上地下《チジョウチカ》、皆《みな》我《われ》の物《もの》なり。汝《なんぢ》が曹《ソウ》何《なん》ぞ焉《これ》に与《あづか》らんや」と。衆《シュウ》乃《すなは》ち敢《あ》へて争《あらそ》はず。主人《シュジン》携《たづさ》へ帰《かへ》り、之《これ》を権《はか》るに、重《おも》さ五十両《ゴジュウリョウ》なり。匠《ショウ》に命《メイ》じて之《これ》を鎔《とか》さしめ、地《チ》を治《をさ》むる者《もの》に分与《ブンヨ》す。人《ひと》ごとに二両《ニリョウ》有奇《ユウキ》を得《え》たり。何嫗《カオウ》の夫《をつと》の兄《あに》の子《こ》も亦《ま》た分《ブン》する所《ところ》を受《う》けて帰《かへ》る。俄《にはか》にして大《おほ》いに病《や》む。医療《イリョウ》すること月余《ゲツヨ》、幸《さいは》ひにして死《シ》せずと雖《いへど》も、分《ブン》する所《ところ》の銀《ギン》尽《つ》く。何嫗《カオウ》毎《つね》に此《こ》の事《こと》を挙《あ》げ以《もつ》て其《そ》の儕輩《セイハイ》に戒《いまし》めて曰《いは》く、「分外《ブンガイ》の財《ザイ》、之《これ》を得《う》るも益《エキ》無《な》し、妄《みだ》りに求《もと》むる勿《な》かれ」と。

現代語訳

私の家に下女の婆さんの何氏というものがいた。天津の人である。彼女の故郷のある富豪が家を建てようとして、人夫を集めて整地をさせた。何の婆さんの夫の兄の息子がこれに参加した。（人夫達は）地面を掘っていて一つの銀の盆を見つけた。その大きさはたらいのようだった。先を争ってこれを手に入れようとして、そのまま喧嘩を招いた。（ある人が）主人に報告した。主人は言った。「ここは私の土地だ。地上も地下も、みな私のものだ。お前達は関係ない」。人々はそこで争おうとはしなかった。主人は盆を持ち帰り、これを量ったところ、重さは五十両あった。職人に命じてこれを鋳溶かさせ、工事の者に分け与えた。一人あたり二両余りずつを得た。何婆さんの夫の兄の子も分け前を受け取って帰ったが、突然大病となった。一ヶ月あまり治療して、幸い死にはしなかったが、分け前の銀は使い果たしてしまった。何婆さんは常々この事を例として、彼女の同僚を戒めて言った。「分不相応の財貨は、得ても利益はない。妄りに求めてはいけませんよ」。

設問解説

問一（漢字の語彙）

「**与**」は入試に頻出する多義語で、次のような読みと意味を持つ。

A与レB　**AとBと（AとB）**
与レC動詞　**Cと・Cとともに（Cと）**
与フ　**あたふ（与える）**
与ル　**あづかる（参加する、関わる）**
与ス　**くみす（仲間になる、味方する）**

他に、「より」と読んで比較を示したり、文末におかれて疑問を示すこともある。本設問では傍線部に施されたふりがなから、「あづかる」であることがわかる。ここで選択肢を見ると、ア「与党」は、政権に参加している党、イ「与奪」は、与えることと奪うこと、ウ「給与」は、与えるもの、エ「天与」は、天が与えたものの意で、アが正解。

熟語を選ぶ設問は入試に頻出するが、通常、選択肢には現代日本語で使用される熟語が使われる。現代文のための漢字ドリルなどを使用して、現代語の漢字の語彙力を身に付けよう。ほとんどの漢字は漢文でも現代文でも同じ意味で使用される。現代文の漢字力は漢文の漢字力なのである。

問二（理由説明）

まず、傍線部の意味を理解しなければならない。「**不二敢動詞一**」は、「**あへて動詞未然形ず**」と読み、「**〜しようとは思わない**」の意を表す。「**乃**」は「**すなはち**」と読み、「**そこで・やっと・なんと**」の意を表す。よって傍線部は、「人々はそこで争おうとはしなかった」の意となる。その理由を答えればよい。

理由は傍線部の前後にある。セリフがある場合には、そこが答えであることが普通である。本設問でも、直前の主人の言葉が傍線部の理由である。そこで主人の言葉を解釈する。まず、「此我地也。地上地下、皆我之物」は、「ここは私の土地だ。地上も地下も、すべて私のものだ」ということ。注意すべきはセリフの末尾の「汝曹何与焉」で、「**何**」という疑問詞を含んでいる。疑問詞は文字通り疑問を作る場合と反語を作る場合があるが、漢文訓読ではこれを読み分けることになっている。詳しくは**ここに着目しよう!**を参照のこと。ここでは「**んや**」で結ばれていることから、反語であることが明らか。反語は否定を強調するために疑問の形に変えたものなので、訳すときは否定形とする。よって、この部分の解釈は「お前達は関係ない」となる。以上を要約して答案とすればよい。

問三（状況説明）

単純な傍線部の解釈ではなく、そこに至った経緯の説明で、話の筋を理解しているかどうかを問うている。主語や人称代名詞に注意して、起こった出来事を追ってゆこう。

問題文における経緯を確認すると、まず、「掘得二一銀盆一」＝工事中に銀の盆が掘り出された。「争欲レ得レ之、遂致二喧闘一」＝人夫達は争ったが、前問で問われたように、主人が自分のものだと主張したのであきらめた。しかし、主人は自分のものにしたのではなく、「命レ匠鎔レ之」＝細工人に命じてその盆を溶かして、「分二-与治レ地者一」＝工事の参加者に分け与えたのであった。これらを順にまとめればよい。

問四（現代語訳）

ポイントは「雖」と「所」。「**雖二～一**」は「**～といへども**」と読み、「**たとえ～でも**」「**～だが**」の意を表す。本設問では後者で、「雖二幸不レ死一」は「幸い死ななかったが」と訳す。「**所レ動詞**」は「**[動詞連体形] ところ**」と読み、「**～すること・もの**」の意を表す。必ずしも場所とは限らないことに注意。「所レ分」は「分けられたもの」つまり「分け前」の意である。

問五（書き下し）

「**勿レ動詞**」は「**[動詞連体形]（こと）なかれ**」と読み、「**～するな**」の意を表す。「**妄**」は「**みだりに**」と読み、「**いいかげんに・でたらめに**」の意を表す。文末の「也」は命令を強調する働きをしており、読む必要はない。

配点・採点基準

（計30点）

問一（3点）

問二（7点）

＊全体として主人が、人夫には関係ないことを言った大意となっていること。その上で次の部分点を与える。

主人が銀の盆について、（①1点）自分の土地から出た物は自分のもので、（②2点）お前達は関係ない（③3点）と主張したから。（④1点）

①主人が出土した銀の盆について述べたことであればよい。

②「地上のものも地下のものも自分のもの」など、自分の土地から出た

ので自分のものだと主張していればよい。

③人夫達には関わりのないことであることが明記されていればよい。

④最後が「から」「ので」など、理由の表現になっていること。

採点例

主人が、（銀の盆について）ここは自分の土地であるから、地上も地下もすべて自分のものであり、お前たちに何を与えるだろうかと言ったから。

（①× ③× 3点）

問三（7点）

＊主人が銀の盆を分割して分け与えたことが明記されていること。それがなければ全体0点。その上で次の部分点を与える。

工事中に銀の盆が掘り出され、（①1点）人夫達は争ったが、（②1点）主人が取り上げ（③1点）て鋳つぶし、（④2点）工事に関わっていた人々に等分に分けた。（⑤2点）

①銀の盆が出土したことがあればよい。

②人々が争ったことがあればよい。

③主人が一旦自分のものとしたことがあればよい。

④銀の盆を溶かしたことであればよい。

⑤等分にしたことが明記されていること。そうでなければ0点。

問四（7点）

＊以下の分離採点とする。

運良く（①1点）死にはしなかったが、（②2点）分け前としてもらった銀は（③2点）使い果たしてしまった。（④2点）

①「運良く」は「幸い」でもよい。

②**［誤答例］**「死ななかったと言うが」。「雖」は「いへども」と読むが、「言う」の意味はなく、「たとえ〜でも」「〜ではあるが」の意を示す。

③「分け前の銀」等、主人が分けてくれた銀であることが訳出されていればよい。

④すべて使ってしまった意ならよい。末尾を現在形としたものは-1点。漢文には時制はないが、逸話は過去に起こったことなので、基本的に過去形に訳す。

問五（6点）

＊一文字でも漢字を残したら、全体0点。

＊カタカナ書きした答案は-3点。

＊活用の誤りはその都度-1点。

＊その上で、以下の分離採点とする。

みだりに（1点）もとむる（2点）なかれ（2点）と（1点）

※「曰」で始まるセリフの末尾を示す「と」を忘れないようにしよう。

句形と語句のチェック！

□**将**レ**動詞**《まさに［動詞未然形］んとす》 〜しようとする

□**如（若）**ニ〜一《〜のごとし》 〜のようだ

□**欲**レ**動詞**《［動詞未然形］んとほつす》 〜したい、〜しようとする

□**遂**《つひに》 そこで、そのまま（通常「とうとう」ではない）

□**致**《いたす》 送る、招く、極める

ここに着目しよう! ～疑問と反語～

疑問と反語は文法的には同じものである。疑問が答えを求めているのに対して、反語は、否定を強調するために疑問の形にして相手にぶつけたもの。疑問・反語を作る代表的な文字には次のようなものがある。

疑問・反語いずれも作るもの

文末の文字　乎、耶、邪、歟

何（なんぞ・なにをか・なんの）

誰（たれか・たれをか・たが）

おもに反語を作るもの

豈（あに）

安・焉（いづくんぞ）

前述のように、疑問と反語は意味が異なるので、書き下しでは両者の文末を読み分ける。

疑問の読み

文末の文字による疑問　↓　（連体）か。

知乎。　↓　しるか。（知っているか。）

※「あり」「ず」については「ありや」「ずや」とすることが多い。

何・誰による疑問　↓　（連体止）。

何知。　↓　なんぞしる。（どうして知っているのか。）

何・誰＋文末の文字による疑問　↓　（連体）や。

何知乎。　↓　なんぞしるや。（どうして知っているのか。）

反語の読み

文末の文字による反語　↓　（未然）んや。

知乎。　↓　しらんや。（知りはしない。）

何・誰による反語　↓　（未然）ん。

何知。　↓　なんぞしらん。（知りはしない。）

何・誰＋文末の文字による反語　↓　（未然）んや。

何知乎。　↓　なんぞしらんや。（知りはしない。）

原文は同じでも、**疑問か反語かによって読みが変化**することに注意。入試では文脈から疑問か反語かを判断して書き下す設問がしばしば出題される。逆に送りがなが付されているなら、疑問か反語かは一目瞭然である。

反語の訳

前述のように、反語は否定を強調するために疑問の形にしたもの。よって記述の答案では「～ではない」「～しない」など、**否定形に訳してよい**。その方がスペースも取らない（記述の答案で解答欄をはみ出すことは厳禁）し、採点者に、確かに反語だと理解していることをアピールできる。

何《ソ》与《ラン》。　↓　関係ない。

2『新語』

■新潟大学■

解答

問一　① なんすれぞ　② ここにおいて　③ しかれども

問二　私の言葉を誤りだと思うなら、臣下たちにおたずねください。

問三　いはんやあんまいのことにおいてをや

問四　臣下が口裏を合わせて君主をだまそうとすれば、君主はだまされずにはいられないということ。

出典

陸賈《りくか》『新語《しんご》』

陸賈は前漢初めの人。漢の創始者・劉邦に仕えた。学問を軽視する劉邦に対して、「馬上で天下は取れても、馬上で治めることはできない」と諭したことは有名である。『新語』は劉邦の命によって著された、国家の興亡の原因を、儒家的な観点から論じた書である。

読解のポイント

秦の末、朝廷の実権を握ろうとした趙高が、皇帝に対して馬を鹿だと言いくるめた逸話を通して、臣下が口裏を合わせれば、君主は容易にだまされることを論じている。

歴史上の逸話と、作者の考えを組み合わせた歴史評論の文章は、入試問題にしばしば採用される。逸話と作者の考えを切り分けて、逸話の部分は話の筋に、作者の考えの部分は論理の流れに、それぞれ注意して読解して行く。さらに、両者の関係をしっかりと押さえよう。この問題文では次のような構成になっている。

一、冒頭〜半言鹿

歴史上の逸話。趙高が二世皇帝に対して、鹿を馬だと言い、臣下の半分がそれに賛成したことを述べる。

二、当此之時〜末尾

作者の考え。鹿と馬のような、自分の目ではっきり確かめられることさえ、臣下が共同してだまそうとすれば、君主はだまされる。ましてはっきりしないことならば容易にだまされてしまうことを述べる。

読み方

（漢字の音読みはカタカナ・現代かなづかいで、訓読みはひらがな・歴史的かなづかいで示す）

秦二世《シンニセイ》の時《とき》、趙高鹿《チョウコウしか》に駕《ガ》して従《したが》ひ行《ゆ》く。王曰《オウいは》く、「丞相《ジョウショウ》何為《なんす》れぞ鹿《しか》に駕《ガ》す」と。高曰《コウいは》く、「馬《うま》なり」と。王曰《オウいは》く、「丞相誤《ジョウショウあやま》れるか、鹿《しか》を以《もつ》て馬《うま》と為《な》すなり」と。高曰《コウいは》く、「乃《すなは》ち馬《うま》なり。陛下臣《ヘイカシン》の言《ゲン》を以《もつ》て然《しか》らずと為《な》さば、願《ねが》はくは群臣《グンシン》に問《と》へ」と。是《ここ》に於《おい》て乃《すなは》ち群臣《グンシン》に問《と》ふ。群臣半《グンシンなか》ば馬《うま》と言《い》ひ、半《なか》ば鹿《しか》と言《い》ふ。此《こ》の時《とき》に当《あ》たり、秦王自《シンオウみづか》ら其《そ》の直目《チョクモク》を信《シン》ずる能《あた》はずして邪臣《ジャシン》の言《ゲン》に従《したが》ふ。鹿《しか》と馬《うま》との形《かたち》を異《こと》にするは、乃《すなは》ち衆人《シュウジン》の知《し》る所《ところ》なり、然《しか》れども其《そ》の是非《ゼヒ》を別《わか》つ能《あた》はず。況《いはん》や闇昧《アンマイ》の事《こと》においてをや。易《エキ》に曰《いは》く、「二《ニ》人《ニン》心《こころ》を同《おな》じくすれば、其《そ》の義金《ギキン》を断《た》つ」と。群党《グントウ》意《イ》を合《あ》はせて、以《もつ》て一君《イチクン》を傾《かたむ》くれば、孰《たれ》か移《うつ》らざらんや。

現代語訳

秦の二世皇帝の時、趙高が鹿に乗って秦王に随行した。王（二世皇帝）は、「宰相殿はどうして鹿に乗っておられるのか」とたずねた。趙高は、「馬です」と答えた。王は、「宰相殿はお間違いではないか。鹿を馬だと思っておられる」と言った。趙高は、「確かに馬です。陛下が私の言葉を誤っているとお思いならば臣下たちにお尋ねください」と言った。そこで王は臣下たちに尋ねた。臣下たちは、半数は馬だと言い、半数は鹿だと言った。この時、秦王は自分で自分の直接見たものを信ずることができず、邪悪な臣下の言葉に従った。鹿と馬の形が異なっているのは、人々が知っていることだ。それなのにその是非を弁別することができない。まして見えないものならなおさらだ。『易』に、「二人が心を同じくすれば、その心は金さえ断ちきれる」とある。臣下が徒党を組んで気持ちをあわせて一人の君主をだまそうとすれば、心を動かされない君主はいない。

設問解説

問一　（重要語の読み）

① 「**何為**」は「**なんすれぞ**」と読み、「**なぜ**」の意を表す。

② 「**於レ是**」は「**ここにおいて**」と読み（「これにおいて」ではないことに注意）、「**そこで**」「**その時に**」の意を表す。

③ 「**然**」は、「**しかれども（しかし）**」、「**しかり（そのようだ、その通りだ）**」の読みと意味を持つ。本設問では前者。また、「忽然」など、副詞の後について強調する働きをする。

問二　（現代語訳）

「**臣**」は、会話文中では臣下の自称。「**私**」「**わたくし**」と訳す。「**以二～一為二…一**」は、「**～をもつて…となす**」と読み、「**～を…とする**」「**～を…だと思う**」の意を表す。本設問では後者。「**不レ然**」は「**しからず**」と読み、「**そうではない、誤っている**」の意を表す。「**願**」は「**ねがはくは**」と読む。文末に注意。「**［動詞未然形］ん**」で結ばれていれば、「**どうか～させてください**」、**命令形**で結ばれていれば、「**どうか～してください**」と訳す。本設問では後者である。

問三　（書き下し）

「**況**」は二つのものを対比して強調する「抑揚形」と呼ばれる文型を作る。基本形は次の通り。

A猶～、況B乎　Aすらなほ～、いはんやBをや

（Aでさえ～だ、ましてBならなおさらだ。）

本設問では、さらに強調するために、「闇昧之事」の前に「於」が置かれ、「**於レB乎**」の形になっている。この場合は「**Bにおいてをや**」と読む。単なる強調なので「於」を訳す必要はない。

問四　（句の説明）

論説的な文章ではしばしば、他書が引用される。引用は作者の考えを補強するためのものであるから、当然、引用の前後にはその内容に対応する記述が存在するはず。引用文は意味が取りにくいが、二人の人間が心を合わせて何かすることらしい。引用文の直後に「群党合レ意」と、徒党を組み心を合わせて何かをすることが述べられているから、ここが引用文の意味に対応していることがわかる。ここを解釈して解答とすればよい。「傾」は転覆させることで、「だます」と意訳してよい。注意すべきは「孰不レ移哉」の解釈である。

「孰」には次のような読みと意味がある。

孰レカ　いづれか（どちらが）

孰カ　たれか（だれが）

送りがなから、問題文では「たれか」であることがわかる。さらに、「移らざらんや」と読んでいるから反語であることがわかる。疑問と反語の読み分けについては問題1の「**～疑問と反語～**」を参照のこと。「移」はしばしば、心が動かされる意を表す。反語は否定を強調するものなので、「孰不レ移哉」では、否定の「不」とあいまって、「～しないことはない」という、一種の二重否定ができることになる。よって、全体として「だれもが心を動かす」の意を表すことがわかる。臣下が徒党を組んで君主をだませば、君主はだまされないではいられないと言っているのである。これが解答。

ここに着目しよう！

配点・採点基準 （計30点）

問一（各3点） ＊正答のみ。

問二（7点）

＊以下の分離採点とする。

私の言葉を（①2点）誤りだと（②1点）思うなら、（③2点）臣下たちに（④1点）おたずねください。（⑤1点）

①「臣」を「私」「わたくし」と訳すこと。そうでなければ部分点0点。

［誤答例］「臣下の言葉」。会話中の「臣」は多くの場合は臣下の自称。

③「するなら」は1点のみ。「以A為B」は、「AをBだと思う」の意。

採点例

私の言うことが違うとするなら、臣下たちにおききください。
③1
6点

問三（6点）

＊一文字でも漢字を残したら、全体0点。カタカナ書きした答案は-3点。活用の誤りはその都度-1点。歴史的かなづかいの誤りはその都度-1点。

＊その上で、以下の分離採点とする。

いはんや（①2点）あんまいのことに（②1点）おいて（③1点）をや（④2点）

②「に」がなければ0点。

問四（8点）

＊全体として、君主が臣下にだまされるという内容であること。その上で次の部分点を与える。

①2点 臣下が口裏を合わせて ②2点 君主をだまそうとすれば、 ③3点 君主はだまされずにはいられない ④1点 ということ。

①臣下が協力する意味ならばよい。

②君主をだまそうとしたならの意味ならばよい。「～したならば」と、仮定の形になっていること。そうでなければ部分点0点。

③君主が必ずだまされるの意であればよい。

④「～という意味」も可。「こと」「意味」などがなければ部分点0点。

句形と語句のチェック!

□**丞相・相**《ジョウショウ・ショウ》宰相・大臣

□**能**[動詞]《よく～》～できる

□**不レ能**[動詞]《[動詞連体形](こと)あたはず》～できない

□**自**《みづから》自分で、自分を、自分に
《おのづから》自然に、ひとりでに、当然

□**意**《イ》心、気持ち、意味

ここに着目しよう!

～以の用法～

「**以**」は前置詞に相当する文字で、「**以レA**[**述語**]」の形を取り、以下の述語に意味を付け加える。次のように複数の意味を持つので訳に注意。

①**手段・方法　～で**
以レ杖打　つえをもつてうつ(杖でたたく)

②**理由　～なので、～の理由で**
以レ学貴　ガクをもつてたつとし(学問があったので高い地位についた)

③**目的語の強調　～を**
以レ実告　じつをもつてつぐ(事実を告げる)

「以」の節は時に**倒置**を起こすことがあり、「[**述語**] **以レA**」の形を取る。この時には「**[述語連体形]に～をもつてす**」と読む。特徴ある読み方をするので、しばしば書き下しの設問に使われる。憶えておこう。なお、「もつてす」と読むが、これは日本語では文末に述語がこないといけないための便宜的な読みであり、「以～」はあくまでも述語に意味を付加する成分であるから、訳す場合は、「以～」を述語の前に持ってきて、「～で・なので・を…する」とする。

また、「以」の下に目的語が存在しない場合がある。多くは接続を表現しており、特に「以」を訳す必要はないのが普通である。

合レ意以傾二一君一　イをあはせてもつてイチクンをかたむく(心を合わせて一人の君主をだます)

3『子不語』

■千葉大学■

解答

問一 きしばしばあらわ〔は〕れ（て）、ひとあえ〔へ〕ておそ〔を〕らず

問二 召使いは入ろうとせず、蔡は自分で建物を開き、灯火を手にして座っていた。

問三 女の幽霊は、蔡が縄に足を掛けたことを誤りだと言ったが、蔡は、お前こそ生前犯した過ちによって幽霊となっているのだと言い返した。

出典

袁枚《えんばい》『子不語《しふご》』

袁枚（一七一六〜九七）は、清代の詩人・文章家。食通としても知られ、その著『随園食単』は中国料理についての古典とされている。『子不語』は、『論語』の「子不語怪力乱神（子は怪力乱神を語らず）」という言葉に基づき、孔子が語らなかったこと、すなわち怪しいことや神秘的なことに関わる逸話を集めた書である。

読解のポイント

幽霊屋敷に泊まり込んだ男と、現れた女の幽霊との逸話。幽霊は男に諭されて去って行く。幽霊やあの世にまつわる逸話は、入試問題に頻出する。ここで、中国の幽霊やあの世の特徴を憶えておこう。

まず幽霊について。中国の幽霊は死んだときの姿で出現する。首を斬られて死んだ人の幽霊であれば、自分の首を小脇に抱えて現れるのである。問題文の幽霊が首に帯を引きずっているのは、首をくくって死んだことを示している。首をくくって死んだ人の幽霊は、縊鬼《いき》と呼ばれて特に恐れられた。縊鬼はあの世に行くことができずに苦しみながらこの世をさまよっており、あの世に行くためには自分の交代となる縊鬼が必要なため、他人に首をくくらせようとすると考えられていたのである。問題文の幽霊が蔡に首をくくらせようとするのはこのため。

また、中国の幽霊は、現世の人間と同じ欲望や感情・感覚を持つと考えられた。腹も減れば、暑さ寒さも感じるのである。そのため、収入（幽霊を祭るとその供物が収入になると考えられていた）を求めて人にたたったりする幽霊もある一方で、ものの道理をわきまえた幽霊も存在する。問題文の幽霊が最後に悔い改めているのはこのためである。

続いてあの世について。古くから官僚制度が発達した中国では、あの世もこの世と同様に官僚制度によって運営（？）されている

と考えた。あの世にも冥府と呼ばれる役所があり、冥官と称するあの世の役人が働いている。冥府は死者を治めているだけではなく、戸籍のように現世の人の寿命や運命を記した書類が置かれ、それを冥官が管理していると考えられた。寿命が来れば、役人があの世へと死者の魂を連行するのである。末端の役人が情実やワイロに弱いのは、あの世もこの世も同じ。あの世の役人に頼みこんで寿命を延ばしてもらった（寿命十九歳と書類にあるのを九十歳と書き改めてもらう等々）という話がたくさん伝わっている。漢文常識として頭に入れておこう。

　問題文の最後に、蔡が科挙に合格したことが書かれている。科挙は高級官僚の登用試験であるが、現在の大学入試などとは比べものにならない狭き門であり、それに合格するのは、学力があるだけではなく、人並み外れた強運の持ち主や、特別な善行を積んだ人だと考えられた。蔡は幽霊を改心させた徳によって合格できたのである。人を助けるなどの善行によって科挙に合格した、あるいは逆に悪行をしたために、本来合格できる運命だったのに冥府が書類を書き換えて不合格になってしまったなどの逸話がたくさん伝わっており、入試問題に使用されることも多い。このことも漢文常識として憶えておこう。

読み方

（漢字の音読みはカタカナ・現代かなづかいで、訓読みはひらがな・歴史的かなづかいで示す）

杭州北関門外《コウシュウホッカンモンガイ》に一屋《イチオク》有《あ》り。鬼《キ》屢《しばしば》見《あら》はれ、人敢《ひとあ》へて居《を》らず、扃鎖《ケイサ》甚《はなは》だ固《かた》し。書生《ショセイ》の蔡姓《サイセイ》なる者《もの》、将《まさ》に其《そ》の宅《タク》を買《か》はんとす。人之《ひとこれ》を危《あや》ぶむも、蔡《サイ》聴《き》かず。券《ケン》成《な》り、家人《カジン》肯《あ》へて入《い》らざれば、蔡親自屋《サイみづからオク》を啓《ひら》き、燭《ショク》を秉《と》りて坐《ザ》す。夜半《ヤハン》に至《いた》り、女子《ジョシ》の冉冉《ゼンゼン》として来《きた》る有《あ》り。頸《くび》に紅帛《コウハク》を拖《ひ》き、蔡《サイ》に向《む》かひて俠拝《キョウハイ》し、縄《なは》を梁《はり》に結《むす》び、頸《くび》を伸《の》べて之《これ》に就《つ》く。蔡怖色無《サイフショクな》し。女子《ジョシ》再《ふた》たび一縄《イチジョウ》を挂《か》けて、蔡《サイ》を招《まね》く。蔡一足《サイイッソク》を曳《ひ》きて之《これ》に就《つ》く。女子曰《ジョシいは》く「君誤《きみあやま》れり」と。蔡《サイ》笑《わら》ひて曰《いは》く「汝誤《なんぢあやま》れば、才《わづ》かに今日《こんにち》有《あ》り。我誤《われあやま》ること勿《な》きなり」と。鬼大《きおほ》いに哭《な》き、地《チ》に伏《ふく》して再拝《サイハイ》して去《さ》る。此《これ》より怪遂《カイつひ》に絶《た》え、蔡《サイ》も亦登第《またトウダイ》す。

現代語訳

杭州の北関門（街の城門の名）の外に一軒の家があった。幽霊がしばしば現れて、人は住もうとせず、大変厳重に戸締まりされていた。科挙の受験生で蔡という姓の者が、この住宅を買おうとした。人々はこれを危ぶんだが、蔡は聴きいれなかった。契約が成立したが、家の召使いが入ろうとしないので、蔡は自分で建物を開き、灯りを手にして座っていた。真夜中になって、若い娘がそろりそろりとやってきた。頸に赤い絹の帯を引きずり、蔡にお辞儀をすると、縄を天井の梁に掛け、頸を伸ばしてそこに掛けた。

蔡は恐れげもなかった。娘は再び一本の縄を掛けて、蔡を招いた。蔡は片足を伸ばしてこれに掛けた。娘は、「あなた、間違っていますよ」と言った。蔡は笑って、「お前は（首をくくるような）過ちを犯したので、（幽霊となった）今日があるのだ。私には過ちなどない」と言った。幽霊は号泣し、地面に土下座をして何度もお辞儀をして去っていった。これ以来怪しいことはそのまま絶え、蔡も科挙に合格した。

設問解説

問一（書き下し）

「**鬼**」は「**幽霊・妖怪**」の意を表し、「**キ**」と音読みする。「おに」と読んではならない。「**屢**」は「**しばしば**」と読み、「**しばしば、たびたび**」の意を表す。「**見**」は多義語で次のような読みと意味を持つ。

見ル　**みる（見る）**
見ユ　**まみゆ（会う、お目にかかる）**
見ル　**あらはる（現れる）**
見レ[**動詞**]　**[動詞未然形]る・らる（～される）**

傍線部では幽霊が現れたの意である。よって「鬼屢見」は「きしばしばあらわ〔は〕る」となるが、読点によって次に接続していることに注意。接続は後半を読んだ後に両者のつながりから考える。「**不ニ敢**[**動詞**]**一**」は、「あへて**[動詞未然形]ず**」と読み、「**～しようとしない**」の意を表す。「人不敢居」は、「ひとあえ〔へ〕てお〔を〕らず」となる。「ひとは住もうとしない」の意だから、前半とは順接でつなげばよい。よって、前半は「きしばしばあらわ〔は〕れ（て）」となる。

問二（現代語訳）

「**家人**」は、漢文では広く家内の人を表すが、特に召使いを指すことが多い。傍線部では、蔡が自分で家を開けたことが記されているから、召使いの意である。明らかでないときには「家の者」と訳しておく。「**不肯**[**動詞**]」は「**～しようとしない**」の意を表す。次のように返り点によって読み方が異なることに注意。どちらで読んでも意味は変わらない。

不ニ肯[**動詞**]**一**　**あへて[動詞未然形]ず**
不レ肯レ[**動詞**]　**[動詞連体形]をがへんぜず**

「**親**」は、もちろん「おや」「したしい」の意を表すこともあるが、副詞として「**みづから**」と読み、「**自分で**」の意を表す。「**自**」は多義語で次のような読みと意味を持つ。

自ラ[**動詞**]　**みづから**
自ラ[**動詞**]　**おのづから**
自リ[**名詞**]**レ**　**～より**

傍線部では「親」と呼応して、「自分で」の意を強調している。二文字あわせて「みづから」と読んでよい。「**啓**」は「**ケイす**」「**まうす**」と読んで「**申し上げる**」の意を表す場合と、「**ひらく**」と読んで「**開く**」の意を表す場合とがある。傍線部では後者。「**秉**」は「**とる**」と読み、「**手に取る**」の意を表す。以上から、「家の者は入ろうとせず（入ろうとしないので、と訳してもよい）、蔡は自分で家を開き、灯りを手にして座っていた」と訳せばよい。なお、漢文には時制がないため、書き下しは原則として現在形にするが、訳す場合は、逸話の地の文であれば、基本的に過去の出来事であるから過去形にするのがよい。

問三（内容説明）

幽霊が言っている「誤」とは、もちろん蔡が首ではなく足を縄にかけたこと。前述のように、幽霊は蔡に首をくくらせようとしており、あてが外れたのである。一方蔡の言葉「汝誤れば、才かに今日有り」とは、「お前は過ちを犯したので、今日（の有様）があるのだ」ということ。「**才**」は「才能」の意を表すことが多いが、「**わづかに**」と読み、「**〜してはじめて…した**」「**〜したので…になった**」の意を表す。傍線部では後者。首をくくるような過ちを犯したので、幽霊などという有様になっているというのである。この二つを合わせて解答とすればよい。

配点・採点基準

（計30点）

問一（10点）

＊一文字でも漢字を残したら、全体0点。
＊カタカナ書きした答案は-3点。
＊活用の誤りはその都度-1点。
＊その上で、次の分離採点とする。

き ①2点　しばしば ②2点　あらわ〔は〕れ〔て〕、③2点　ひとあえ〔へ〕て ④2点　お〔を〕らず ⑤2点

① **[誤答例]**「おに」。「鬼」は幽霊・魔物の意で、日本の「おに」ではない。
③「みえ」は不可。「あらわれ」「あらわれて」等、順接で接続すること。「あらわるれば」も可。
④「ひとは」としてもよい。

問二（8点）

召使いは ①2点　入ろうとせず、②2点　蔡は自分で建物を開き、③2点　灯火を手にして ④2点　座っていた。

①「家の者」も可。「妻」は不可。
②「入るのを承知せず」も可。
[誤答例]「決して入らず」。「肯」は心にうなずいての意味を表す。
④「灯火」は「あかり」の意であればよい。末尾は単に「座った」でも可。

採点例

召使いはどうしても入ろうとしないので、蔡は自分で家をあけて、ろうそくをともしてすわった。

②×　④-1　5点

問三（12点）

＊大意として、幽霊は蔡が首をくくらないことをとがめたのに対して、蔡はお前こそ過ちで幽霊になどなっているのだと言い返した、とい

う内容になっていること。その上で、次の部分点を与える。

①1点 女の幽霊は、②4点 蔡が縄に足を掛けたことを誤りだと言ったが、③1点 蔡は、④4点 お前こそ生前犯した過ちによって幽霊となっているのだ ⑤2点 と言い返した。

①③「幽霊は…蔡は」という形で書かれていること。そうでなければ部分点0点。

②「首をつろうとしない」など、蔡が首をくくろうとしないことであればよい。

「誤り」「過ち」などの言葉がなければ部分点0点。

④「首などくくった過ちで」など、具体的内容にしてもよい。

「誤り」「過ち」などの言葉がなければ部分点0点。

⑤蔡が、鬼に反論した意味であればよい。

句形と語句のチェック!

□**将レ動詞**《まさに［動詞未然形］んとす》～しようとする

□**夜半**《ヤハン》真夜中

□**色**《いろ》顔色・表情、色香

□**遂**《つひに》そこで、そのまま（通常、現代語の「ついに」ではない）

□**亦**《また》～も

ここに着目しよう! ～節の接続～

記述型の書き下しにおいては、しばしば節の接続が解答のポイントとなる。文脈を見定め、適切な送りがなによって接続ができるように練習しよう。もちろん、すでに送りがなが付されている場合は、その送りがなに従って読解すればよい。

《順接》連用形＋**て（して）**・連用形の活用語尾

見テレ之ヲ、笑フ。之《これ》を見**て**、笑ふ。（これを見て笑った。）

《逆接》連体形＋**も**、已然形＋**ども**

見ルモレ之ヲ、不レ笑ハ。之を見る**も**、笑はず。（これを見たが笑わなかった。）

《仮定条件》未然形・已然形＋**ば**

※節の接続「已然形＋ば」は本来既定条件を示すが、漢文では仮定に用いていることが多い。

見(レ)バレ之ヲ、必ズ笑フ。之を見（れ）**ば**、必ず笑ふ。（これを見ればきっと笑う。）

《既定条件》已然形＋**ば**

見レバレ之ヲ、笑フ。之を見れ**ば**、笑ふ。（これを見たので笑った。）

《～したところ・したのに》連体形＋**に**

見ルニレ之ヲ、笑フ。之を見る**に**、笑ふ。（これを見たところ笑った。）

見ルニレ之ヲ、不レ笑ハ。之を見る**に**、笑はず。（これを見たのに笑わなかった。）

4 『聞奇録』

■和歌山大学■

解答

問一 則

〈理由〉則は仮定条件を受ける、「～ならば」の意を表す。家に入れば孝、家を出れば悌の意味なので、則がふさわしい。

問二 趙顔は画家の言葉通り、そのまま百日の間彼女を呼び続け、昼も夜も止めなかったところ、なんと彼女は答えて、「はい」と言った。

問三 友人曰く、「此妖なり。必ず君と患を為さん。余に神剣有り、之を斬るべし」と。

問四 趙顔が友人の言葉を聞き、彼女を疑うようになったから。(26字)

問五 趙顔と真真との間には二歳の子供があったが、真真が趙顔に疑われ、屏風の絵に戻って行った時、その子供も連れて行ったから。(58字)

出典

『聞奇録《ぶんきろく》』

『聞奇録』は著者未詳。不思議な出来事を集めた小説集であるが、現在は他書に引用されたものが伝わっているのみである。

読解のポイント

絵から出てきた美女と結婚した男の話。常識ではありえない不思議な出来事なので、想像に頼らず、じっくりと物語の筋を追っていかなければならない。

物語の筋を追うために必要なのは、主語を押さえること。漢文ではしばしば主語が省略されるので、注意が必要である。漢文における主語の省略には、次のような原則がある。これらに注意して主語を正しく追ってゆこう。

①主語が変わらない時は省略される

→主語のない文に出会ったら、まずは前の主語を確認する。また、裏返せば、漢文において主語の出現は、主語が変化したことを示す。よって、主語が新たに出現したら、その直前の文の主語はその人物ではない。文中に真真と趙顔の二人しか出現しないのであれば、主語は次のようになる。

真真来。笑語。趙顔喜。　→「笑語」の主語は真真

真真来。笑語。真真喜。　→「笑語」の主語は趙顔。

②会話文

→二人の会話においては、交互に主語が入れ替わってゆくのが当然なので、しばしば主語が省略される。

③主人公は最も多く省略される

→段落が主語なしの文で始まるなど、手掛かりなしに主語が省略されていれば、主人公が主語。主語に迷ったら、まずは主人公ではないかと考える。

読み方

（漢字の音読みはカタカナ・現代かなづかいで、訓読みはひらがな・歴史的かなづかいで示す）

唐《トウ》の進士《シンシ》趙顔《チョウガン》画工《ガコウ》の処《ところ》に於《おい》て一《イッ》の軟障《ナンショウ》を得《え》たり。一《イッ》の婦人《フジン》の甚《はなは》だ麗《うるは》しきを図《ゑが》けり。顔画工《ガンガコウ》に謂《い》ひて曰《いは》く、「世《よ》に其《そ》の人《ひと》無《な》きなり。如何《いか》にして生《い》かしむるや。某願《それがしねが》はくは納《い》れて妻《つま》と為《な》さむことを」と。画工曰《ガコウいは》く、「余《ヨ》の神画《シンガ》なり。此《これ》に亦《また》名《な》有《あ》りて、真真《シンシン》と曰《い》ふ。其《そ》の名《な》を呼《よ》ぶこと百日《ヒャクニチ》にして、昼夜《チュウヤ》歇《や》めざれば、即《すなは》ち必《かなら》ず之《これ》に応《こた》ふ。応《こた》ふれば則《すなは》ち百家彩灰酒《ヒャッカサイカイシュ》を以《もっ》て之《これ》に灌《そそ》げば、必《かなら》ず活《い》きむ」と。

顔其《ガンそ》の言《ゲン》のごとく、遂《つひ》に之《これ》を呼《よ》ぶこと百日《ヒャクニチ》にして、昼夜《チュウヤ》止《や》めざれば、乃《すなは》ち応《こた》へて曰《いは》く、「諾《ダク》」と。急《いそ》ぎて百家彩灰酒《ヒャッカサイカイシュ》を以《もっ》て灌《そそ》げば、遂《つひ》に活《い》く。下《くだ》りて歩《あゆ》み言笑《ゲンショウ》し、飲食《インショク》すること常《つね》の如《ごと》し。曰《いは》く、「君《きみ》の妾《ショウ》を召《め》すを謝《シャ》す。妾願《ショウねが》はくは箕箒《キソウ》を事《こと》とせむことを」と。歳《とし》を終《お》へて、一《イッ》の児《ジ》を生《う》む。

児《ジ》年《とし》両歳《リョウサイ》にして、友人曰《ユウジンいは》く、「此妖《これヨウ》なり。必《かなら》ず君《きみ》と患《カン》を為《な》さん。余《ヨ》に神剣《シンケン》有《あ》り、之《これ》を斬《き》るべし」と。其《そ》の夕《ゆう》、乃《すなは》ち顔《ガン》に剣《ケン》を遺《おく》る。剣才《ケンわづか》に顔《ガン》の室《シツ》に及《およ》ぶや、真真乃《シンシンすなは》ち泣《な》きて曰《いは》く、「妾《ショウ》は南岳《ナンガク》の地仙《チセン》なり。何《ゆゑ》無《な》くして人《ひと》の為《ため》に妾《ショウ》の形《かたち》を画《ゑが》かる。君又妾《きみまたショウ》の名《な》を呼《よ》びたり。既《すで》に君《きみ》の願《ねが》ひを奪《うば》はざるに、君今妾《きみいまショウ》を疑《うたが》ふ。妾住《ショウとど》まるべからず」と。言《い》ひ訖《おは》るや、其《そ》の子《こ》を携《たづさ》へ却《しりぞ》き軟障《ナンショウ》に上《のぼ》り、先《さき》に飲《の》む所《ところ》の百家彩灰酒《ヒャッカサイカイシュ》を嘔出《オウシュツ》す。其《そ》の障《ショウ》を睹《み》れば、唯《た》だ一《イッ》の孩子《ガイシ》添《そ》ふ。皆《みな》是《こ》れ画《ゑ》なり。

現代語訳

唐の進士・趙顔は画家のもとで一つの布製の屏風を見た。一人の女性の大変美しい人が描かれていた。趙顔は画家に、「世の中にこれほどの人はいない。どうにかして生かすことはできないか。私は家に入れて妻としたいのだ」と言った。画家は、「私の神明不可思議な絵画です。彼女にはまた名があって、真真と言います。その名を百日の間呼んで、昼夜止めなければ、必ずそれに返事をします。返事をしたならば百家彩灰酒を屏風に注げば、必ず生きた人間となるでしょう」と言った。

趙顔はその言葉通り、早速、百日の間呼び続けて、昼夜止めなかったところ、なんと返事をして「はい」と言った。急いで百家彩灰酒を注ぐと、そのまま生きた人間になった。屏風からおりて歩き、普通の人間と同じように話したり笑ったり飲食したりした。（真真は）「あなたが私をお招きくださったことに感謝します。私に身の回りのお世話をさせてください」と言った。まる一年が過ぎ、一児を産んだ。

子供が二歳になった時、友人が、「これは妖怪だ。きっと君にとっての災いになる。私に名剣があって、これを斬ることができる」と言った。その夜、そこで趙顔に剣を贈った。剣が顔の家に到着するやいなや、真真は泣いて、「私は南岳の地仙（地上に住んでいる仙人）です。いわれなく人に私の姿を描かれました。あなたはまた、私の名を呼びました。（私は）あなたの願い通りにしましたのに、あなたは今私を疑っています。私はここに留まることはできません」と言い、言い終わるが早いか、その子を連れて後ずさりをして屏風に上り、以前飲んだ百家彩灰酒を吐き出した。その屏風を見ると、（以前の彼女の絵と変わらなかったが）ただ一人の幼子がそえられていた。すべて絵画となっていた。

設問解説

問一（語彙）

漢文には、「**すなはち**」と読む文字が何種類か存在するが、意味には以下のようにそれぞれ違いがある。

乃チ　そこで、やっと、なんと
即チ・**便**チ　すぐさま
輒チ　そのたびに、すぐさま
則チ　～ならば、～は

特に、問二のように「乃」はしばしば現代語訳の問題に含まれるので、三つの意味を憶えておこう。本設問では、「家に入れば孝をつくし、家を出れば悌をつくす」の意であるから、「則」がふさわしい。

問二（現代語訳）

「**如（若）**ニ**～**」は、「**～の〔が〕ごとし**」と読み、「**～のようだ**」の意を表す。「**其**」は「**その**」と読み、多くは人称代名詞として「**彼の・彼が**」「**彼女の・彼女が**」の意を表す。傍線部では画工を指している。「**遂**」は「**つひに**」と読み、「**そこで・そのまま**」の意を表す。「ついに・とうとう」ではないことに注意。「**乃**」は前述のように三つの意味を表すが、傍線部ではもちろん、絵の女性が返事をした驚きを示す、「なんと」の意である。「**応**」は再読文字「まさに～べし」であることもあるが、送りがなから動詞「**こたふ（答える）**」であることがわかる。

句形としては「呼レ之百日」に注意。漢文では述語の修飾成分を述語の後に置くことがある。

［述語］＋程度・様子・回数・期間・距離

書き下しでは述語に「こと」を送って名詞化し、修飾成分を述語のようにして、「**〔述語連体形〕こと～**」と読む。訳す場合は、日本語では修飾成分は述語の前におかれるから、語順を入れ替えて、「～に・～回・～の間…〔述語〕」と訳し、「こと」を訳す必要はない。「呼レ之百日（之を呼ぶこと百日にして）」は期間が後に置かれており、「百日間彼女を呼び続けて」と訳す。

問三 （書き下し）

「**与**」は多くの意味を表すが「**与**レ**A動詞**」は、「**Aと[動詞]**」と読み、「**Aと〜する**」の意を表す。その他の用法については、問題1の問一解説を参照のこと。「**患**」は「**カン**」もしくは「**わづらひ**」と読み、「**心配事**」「**災い**」の意を表す。「**為**レ**A**」には次の働きがある。

為レ**A**　**Aとなる（Aになる）**
Aとなす（Aにする）
Aたり（Aである）※Aには送りがながつかない
為レ**A動詞**　**Aの[が]ため（に）[動詞]（Aのために〜する）**
※通常、動詞が続く

傍線部では「災いとなる」の意と考えられるので、「患と為る」である。「**余**」は「**ヨ**」と音読みし、「**わたし**」の意を表す。「有」の主語には送りがなを付けないか、「に」を送る。また、「有」の目的語には送りがなを付けない。「**可**」はcanやmayに相当する可能の助動詞で、動詞から返って、「**[動詞終止形（ラ変動詞連体形）]べし**」と読み、「**〜できる**」「**〜してよい**」の意を表す。「〜すべきだ」ではないことに注意。「斬」は動詞「きる」。「之」は代名詞「これ」で、「斬」に返る際、送りがな「を」を送らなければならない。記述型の書き下しでは、目的語に付す送りがなを考える必要があることが多い。ここでまとめておこう。

目的語に付く送りがな	
を	ほぼ現代語の「を」に相当。 読《ム》レ書《ヲ》。　書を読む。　（書物を読む。）
に	ほぼ現代語の「に」に相当。 告《グ》レ汝《ニ》。　汝に告ぐ　（君に告げる。）
と	「いふ」「きく」「なす」「なる」など、限られた動詞に使う。ほぼ現代語の「と」「に」に相当。 為《ス》レ将《ト》。　将と為す。　（将軍にした。）

その他、「より」が用いられることがある。また、例外として、動詞「有」「無」（「なし」と読むが、漢文本来の品詞は動詞）の目的語には送りがなを付けない。

問四 （理由説明）

理由は傍線部の前後にある。特にセリフがあれば、そこが答えであることが普通。本設問でも、直前にある真真の言葉がその理由である。特に、その末尾の「君今疑レ妾。妾不レ可レ住」が一番の理由。友人から真真が妖怪だと言われた趙顔の心には、真真に対する疑いが生じた。そのことを知った真真はもはやここには留まっていられないと考えたのである。このことをまとめればよい。

問五 （理由説明）

傍線部Cの直前にある、「携二其子一」がその理由。真真が屏風の絵に戻るとき、その子も連れて行ったため、絵に子供が加わったのである。ただし、「真真がその子も連れて絵に戻ったから」では、六〇字以内という設問の要求に対して短すぎる。要求された字数の一割以上も余るようであれば、何か不足があるのではないかと考えるべき。そこで、真真が絵に戻るに至った経緯を付け加える。二人は子供をもうけたが、趙顔に疑いの心が生じたことに気づいた真真は、わが子も連れて絵に戻っていたのである。ここで、実は問四がこの問題のヒントであることがわかるだろう。記述の設問においては、しばしば設問同士が密接な関係を持っている。その関係をうまく利用して答案を作成しよう。

配点・採点基準

（計30点）

問一（則＝2点　理由＝4点）

＊「則」は正答のみ。

〈理由〉＊「則」が仮定条件を受けることが書かれていることが前提。その上で次の部分点を与える。

①3点 則は仮定条件を受ける、「〜ならば」の意を表す。②1点 家に入れば孝、家を出れば悌の意味なので、則がふさわしい。

①仮定条件を受けることが書かれていれば広く容認する。

②『論語』の本文が「〜ば」の意味であることが書かれていればよい。

問二（6点）

＊全体として、趙顔が名を呼び続け、絵の女性が答えた意味になっていること。その上で次の部分点を与える。

①1点 趙顔は画家の言葉通り、②1点 そのまま ③1点 百日の間彼女を呼び続け、④1点 昼も夜も止めなかったところ、⑤1点 なんと ⑥1点 彼女は答えて、「はい」と言った。

①「趙顔」は「顔」も容認（姓名とするのが望ましい）。「画家」は「画工」でもよい。

②「それから」「さっそく」等も可。

［誤答例］「とうとう」。「遂」は通常、物事がすらすらと運ぶことを示す。

③**［誤答例］**「彼女を呼び続けることが百日間」。「〜こと…」は、「こと」以下を先に訳す。

④末尾を「ところ」「ならば」などと訳していること。「昼も夜も」は「昼夜」のままでもよい。

⑤**［誤答例］**「すると」「とうとう」。「乃」はここでは意外であることを表す。

⑥「彼女は」はなくてもよい。

問三（5点）

＊次の要素の分離採点とする。

①1点 友人曰く、②1点「此妖なり。③1点 必ず君と患を為さん。④1点 余に神剣有り、⑤1点 之を斬るべし」と。

①「此れ」としてもよい。

②「為さむ」は容認するが、漢文では通常「ん」とする。

③せりふの末尾を示す「と」を忘れないこと。

問四（6点）

＊全体として、趙顔に疑われて去った大意となっていること。その上

で次の部分点を与える。

趙顔が（①1点）友人の言葉を聞き、（②2点）彼女を疑うようになった（③2点）から。（④1点）

④「ので」「ため」なども可。

問五（7点）

＊全体として、真真が子供を連れていったためである大意となっていること。その上で次の部分点を与える。

趙顔と真真との間には二歳の子供があったが、（①2点）真真が趙顔に疑われ、（②1点）屏風の絵に戻って行った時、（③2点）その子供も連れて行ったから。（④2点）

①二人の間に子供がいたことであればよい。
②趙顔が真真を疑ったことであればよい。
③真真が絵に戻ったことであればよい。
④真真が子供を連れて絵に戻ったことであればよい。
＊末尾が「から」「ため」など理由を示す表現になっていなければ-1点。

採点例

南岳地仙だった真真は、趙顔の裏切りに傷つき、彼が殺そうとした自分の子供を連れてもといた屏風へと戻ったため。

✕ 趙顔が殺そうとしたのは真真。事実の誤認

0点

句形と語句のチェック！

□**如何・若何**《いかん》 どのようか、どう思うか
（本文では「いかにして」と読み、「どのようにして」の意に用いているが、この用法はまれ。）

□**令**二**名詞** **動詞**一《［名詞］をして［動詞未然形］しむ》 ［名詞］に～させる

□**某**《ボウ・なにがし》 なんとかいう
《それがし》 わたくし

□**謝**《シャす》 感謝する、陳謝する、謝絶する、代謝する

□**又**《また》 さらに、その上

□**唯**（**惟、但、只**）《ただ》 ～だけ

ここに着目しよう！ ～所の働き～

「所」は以下の動詞を名詞化する働きをする。「ところ」と読むが、場所ではないことに注意しよう。

所レ**動詞** **［動詞連体形］ところ**（～すること、～するもの、～したもの）

所レ飲 のむところ（飲んだもの）

また、「所」は動詞と名詞をつなぐ働きをする。「ところの～」と読むが、訳す場合は動詞を連体形にして名詞につなげばよく、「ところ」を訳す必要はない。

所レ**動詞** **名詞** **［動詞連体形］ところの［名詞］**（～する［名詞］、～した［名詞］）

所レ飲百家彩灰酒 のむところのヒャッカサイカイシュ（飲んだ百家彩灰酒）

解答

問一 a みな b る c つぶさに

問二 よのあいちよ〔ょ〕うする〔あいしおもんずる〕ところとなる

問三 とりわけ絵画に巧みで、絵の評論家は明代で一番だとみなした。

問四 君は母上が私を自分の命だと思っていらっしゃることがわからないのか。

問五 (1) 或《ヒト》勧《ム》下周《ニ》謁《シテ》二貴遊《ニ》一以《テ》免《ルルヲ》上

(2) 徭役は恥だが義務で、貴人に頼って逃れては一層恥だと思うから。(30字)

問六 重ねて問われ、「沈先生」は非常に有名な人らしいとますます驚き、知らないとは言いにくく、何とかごまかそうという心理。(57字)

問七 「沈先生」は沈周といい、詩文や書に優れ、絵は明代随一であるが、母に孝養を尽くすために隠者となっているということ。(56字)

出典

『明史《みんし》』隠逸伝《いんいつでん》

『明史』は清代に編纂された、明代の歴史を紀伝体で記述した書。一七三九年完成。隠逸伝は、世俗と距離をおいて自らの志を守った人々の伝記を集めている。

読解のポイント

沈周という隠者の伝記。隠者は隠逸、逸民とも呼ばれ、前述のように世俗と距離をおいて自らの志を守ろうとする人々。単に世俗と関わろうとしない引きこもりのような人ではなく、高尚な人物として尊敬される存在であることを知っておこう。

長文で登場人物も多いので、主語に注意。省略された主語の確定方法は、問題4の**【読解のポイント】**を参照のこと。

主語に関わることとして、人名の扱いに注意しよう。漢文では原則として一度登場した人物をフルネームで呼ぶことはしない。名のみで呼ぶことが原則であるが、場合によって姓のみ、または字や号で呼ぶこともある。「沈周」は二度目の登場からは「周」と呼ばれることになる。名に使われている文字が、一般的な名詞や動詞である場合、うっかり人名であることを忘れて誤ることがある。読解の際、人名には傍線などのチェックを入れる習慣を付けよう。

読み方

（漢字の音読みはカタカナ・現代かなづかいで、訓読みはひらがな・歴史的かなづかいで示す）

沈周《シンシュウ》、字《あざな》は啓南《ケイナン》、長洲《チョウシュウ》の人《ひと》なり。長《チョウ》ずるに及《およ》び、書《ショ》に覧《み》ざる所《ところ》無《な》し。文《ブン》は左氏《サシ》を摹《ボ》し、詩《シ》は白居易《ハクキョイ》・蘇軾《ソショク》・陸游《リクユウ》に擬《なぞら》へ、字《ジ》は黄庭堅《コウテイケン》を倣《なら》ひ、並《なら》びに世《よ》の愛重《アイチョウ》する所《ところ》と為《な》る。尤《もっと》も画《ゑ》に工《たく》みにして、評者《ヒョウシャ》謂為《おも》へらく明世第一《ミンセイダイイチ》と。

郡守《グンシュ》周《シュウ》を賢良《ケンリョウ》に薦《すす》めんと欲《ほっ》す。周易《シュウエキ》を筮《うらな》ひ、遁《トン》の九五《キュウゴ》を得《え》て、遂《つひ》に隠遁《イントン》を決意《ケツイ》す。親《おや》を奉《ホウ》じて至孝《シコウ》たり。父歿《ちちボツ》して、或《ある》ひと之《これ》に仕《シ》を勧《すす》むるも、対《こた》へて曰《いは》く、「若母氏《なんぢボシ》の我《われ》を以《もっ》て命《いのち》と為《な》すを知《し》らざるか。奈何《いかん》ぞ膝下《シッカ》を離《はな》れん」と。居《を》りて恒《つね》に城市《ジョウシ》に入《い》るを厭《いと》ひ、郭外《カクガイ》に於《お》いて行窩《コウカ》を置《お》き、事有《ことあ》れば一《イッ》に之《これ》に造《いた》る。晩年《バンネン》、跡《あと》を匿《かく》すこと惟《た》だ深《ふか》からざらんことを恐《おそ》るるのみ。先後《センゴ》して巡《ジュン》撫《ブ》王恕《オウジョ》・彭礼《ホウレイ》咸《みな》礼《レイ》もて之《これ》を敬《うやま》ひ、幕下《バクカ》に留《とど》めんと欲《ほっ》するも、並《なら》びに母《はは》の老《お》いを以《もっ》て辞《ジ》す。

郡守《グンシュ》の画工《ガコウ》を徴《め》し屋壁《オクヘキ》に絵《ゑが》かしめんとする有《あ》り。里人《リジン》の周《シュウ》を疾《にく》む者《もの》、其《そ》の姓名《セイメイ》を入《い》るれば、遂《つひ》に摂《と》らる。或《ある》ひと周《シュウ》に貴遊《キユウ》に謁《エッ》して以《もっ》て免《まぬか》るるを勧《すす》む。周《シュウ》曰《いは》く、「役《エキ》に往《ゆ》くは義《ギ》なり。貴遊《キユウ》に謁《エッ》するは、更《さら》に辱《はづかし》めざるや」と。卒《つひ》に役《エキ》を供《キョウ》して還《かへ》る。已《すで》にして守入覲《シュニュウキン》せば、銓曹《センソウ》問《と》ひて曰《いは》く、「沈先生《シンセンセイ》恙無《つつがな》きか」と。守《シュ》対《こた》ふる所《ところ》を知《し》らず、漫《そぞ》ろに応《こた》へて曰《いは》く、「恙無《つつがな》し」と。内閣《ナイカク》に見《まみ》ゆれば、李東陽《リトウヨウ》曰《いは》く、「沈先生牘《シンセンセイトク》有《あ》るか」と。守《シュ》益々《ますます》愕《おどろ》き、復《ま》た漫《そぞ》ろに応《こた》へて曰《いは》く、「有《あ》るも未《いま》だ至《いた》らず」と。守《シュ》出《い》でて、倉皇《ソウコウ》に侍郎《ジロウ》の呉寛《ゴカン》に謁《エッ》して問《と》ふ、「沈先生《シンセンセイ》は何人《なんぴと》ぞ」と。寛《カン》備《つぶさ》に其《そ》の状《ジョウ》を言《い》ふ。左右《サユウ》に詢《と》へば、乃《すなは》ち壁《かべ》に画《ゑが》くの生《セイ》なり。還《かへ》るに比《およ》び、周《シュウ》に舎《シャ》に謁《エッ》し、再拝《サイハイ》して引咎《インキュウ》せんとせば、飯《めし》を索《もと》め、之《これ》を飯《くら》ひて去《さ》る。

現代語訳

沈周、字は啓南、長洲の人である。成人したときには読まない書物はなく、文章は左氏伝を、詩は白居易・蘇軾・陸游を、書は黄庭堅をそれぞれ手本とし、いずれも世間で珍重された。とりわけ絵画に巧みで、評論家は明代で一番だとみなした。

郡の太守が周を賢良に推薦しようとした。周が易を占ったところ、遁の九五が出た。そこで隠遁を決意した。親に仕えてこの上なく孝であった。父が亡くなって、ある人が彼に出仕を勧めたが、（周は）答えて、「君は母上が私を自分の命だと思っていらっしゃることがわからないのか。おそばを離れたりするものか」と言った。平素常にまちに足を踏み入れることを嫌い、まちの郊外に仮の住居を設けて、まちに用事がある時は、ただそこに行った。晩年には事跡を隠し、隠すのが深くないことをひたすら恐れた。前後して巡撫の王恕・彭礼らが、みな礼をつくして彼を敬い、自分たちの元に留めようとしたが、いずれも母が老齢だからという理由で辞退した。

郡の太守が画工を徴集して、建物の壁に絵を描かせようとしたことがあった。村の周を嫌っている者が周の姓名を（徴集する画工のリストに）入れたので、（周は）そのまま徴集された。ある人が周に身分の高い友人に拝謁して免除してもらうよう勧めた。周は言った。「徭役に行くのは（屈辱ではあるが）義務だ。身分の高い友人に拝謁（して免除してもらう）のは、恥の上塗りではないか」。とうとう徭役を果たして帰った。まもなく太守が報告のために参内したところ、銓曹が、「沈先生はお元気ですか」と尋ねた。太守はどう答えて良いかわからず、いい加減に「お元気です」と答えた。内閣にお目通りすると、李東陽が、「沈先生からはお便りがありますか」と言った。太守はますます驚き、ふたたびいい加減に「あるのですが、まだ到着しておりません」と答えた。太守は退出して、大慌てで（長洲出身の）侍郎の呉寛にお目に掛かって、「沈先生とはどういう方ですか」と尋ねた。呉寛は詳しくその有様をのべた。（太守が）そば近くの者に尋ねると、なんと壁に絵を描いていた書生であった。（太守は）郡に戻ると周を宿舎に招いてお目にかかり、繰り返し頭を下げて（徭役をさせた）お詫びの金品を贈ろうとしたが、（周は）飯を食べさせて欲しいと言い、それを食べて去った。

設問解説

問一（重要語の読み）

a「**咸**」は「**皆**」と同じ。「**みな**」と読み（「みんな」と読んではいけない）、「すべて」の意を表す。「人々」ではないことに注意。

b「**被**」は動詞「かうむる（かぶる）」であることもあるが、以下に動詞を伴って、次のように受身の助動詞として働く。

被ㇾ動詞　**［動詞未然形］る・らる**　**（～される）**

「る」「らる」の区別は古文と同じ、漢文ではサ変と「あり」「をり」以外の変格活用を使わないので、四段活用は「る」、それ以外は「らる」と考えて良い。

c「**備**」は動詞「そなふ（備える）」であることもあるが、副詞として「つぶさに」と読み、「**何もかも**」の意を表す。

問二（書き下し）

次の基本的な句形が含まれていることに注意。

為ニ名詞所ㇾ動詞　**［名詞］の［動詞連体形］ところとなる**

（［名詞］に～される）

動詞「愛重」は熟語として「あいちよ〔ょ〕う」と読んでもよいし、「あいしおもんず」と読んでもよい。

問三（現代語訳）

「**尤**」は「**もつとも**」と読み、他にも程度が高いものがあるなかで飛び抜けて、の意を表す。「**とりわけ**」と訳すとよい。「**工**」は「職人」の意を表すこともあるが、返読して「**～にたくみ**」の意を表す。「**謂**」は「**いふ**」と読み、「**話しかける**」「**思う・みなす**」の意を表す。「思う」の意であるときには「**おもふ**」「**おもへらく**」と読むこともある。「**為**」は、しばしば「**思う・みなす**」の意を表す。本設問では「謂」と「為」は同じ「思う・みなす」の意味である。あわせて「～だとみなした」と訳せばよい。

問四（現代語訳）

「**若**」は、下から返っていれば、「**～の〔が〕ごとし（～のようだ）**」、返っていなければ「**もし（もしも）**」「**なんぢ（お前、きみ）**」のいずれかである。「もし」の場合は多くは「則（すなはち）」で仮定を受ける。本設問では、返り点から「若」以下は一つの節だと考えられるので、「なんぢ」である。「なんぢ」は敬意を込めない二人称なので、「あなた」と訳さないこと。「母氏」は母のこと。「母上」と訳すとよい。「**以A為B**」は、「**AをもつてBとなす**」と読み、「**AをBにする**」「**AをBだと思う・みなす**」の意を表す。傍線部では後者。文末の「**耶**」は、疑問・反語を表現する文字。疑問の場合は文末を「**［述語連体形］か**」、反語の場合は「**［述語未然形］んや**」と読む。疑問・反語の読み分けについては、問題1の ここに着目しよう! を参照のこと。傍線部では、相手に「わからないのか」と尋ねていると考えられるので、「知らざるか」となる。

問五（返り点、理由説明）

(1) 読み方が決まっている句形は含まれていないので、返読の基本に従って返り点を決定する。

使役や再読文字など、決まった返り方をする句形以外で返り点が必要なのは、次の場合である。

一、動詞＋目的語　目的語→動詞に返読

学レ書　→　書を学ぶ

二、否定詞＋述語　述語→否定詞に返読

不レ学　→　学ばず

三、助動詞＋動詞　動詞→助動詞に返読

可レ学　→　学ぶべし

四、前置詞に相当するもの

述語の上の前置詞　前置詞の目的語→前置詞に返読

以レ書学　→　書を以て学ぶ

述語の下の前置詞　前置詞の目的語→述語に返読

学二於師一　→　師に学ぶ

傍線部を確認して行こう。「或」は「あるいは」の場合が多いが、傍線部では文頭に置かれて主語となっている。その場合は「あるひと」と読み、文字通り「ある人」の意を表す。「勧」は動詞「すすむ（勧める）」。以下の「周謁貴遊以免」はその目的語である。目的語の部分を確認すると、「周」と、「謁貴遊以免」のいずれも、「勧」の目的語で、二重目的語文ができていることがわかる。漢文の二重目的語文では、通常、第一目的語が人で「に」が送られ、第二目的語が「もの・こと」で、「を」が送られる。

「謁」は動詞「えつす（謁見する）」。「貴遊」はその目的語。「以」は以下に目的語を伴って、「～をもつて」と返読することが多いが、傍線部では下にあるのが動詞「免（まぬかる）」なので、接続詞として働いている。その時は単に「もつて」と読み捨てる。以上をまとめると次のようになる。

或	勧	周	謁	貴遊	以	免
＝主語	＝動詞	＝第一目的語	＝動詞	＝目的語	＝接続詞	＝動詞
			第二目的語（謁貴遊以免）			

よって返り点は次のようになる。

或勧下周謁二貴遊一以免上

つづいて送りがな。主語に対する送りがなは次の原則に従う。

・一般名詞・固有名詞が主語の時は原則として不要

孔子行　孔子行く（孔子は行った）

・対比されている時は「は」を送る

天高、地卑　天は高く、地は卑《ひく》し（天は高く、地は低い）

・名詞節が主語の時には「は」を送る

昇レ天、甚難　天に昇るは、甚だ難し（天に昇るのは、大変難しい）

・節内に主語・述語の関係ができている時は「の」を送る

有二孔子求一レ之　孔子の之を求むる有り（孔子がこれを求めることがあった）

よって「或」には「ヒト」以外の送りがなは不要。目的語に付される送りがなについては、問題4の問三解説を参照のこと。第二目的語には「謁」と「免」の二つの動詞が含まれるので、接続を表現しなければならない。接続を表現する送りがなについては、問題3の ここに着目しよう! を参照。「以」は順接を表現するので、「謁して」と読む。

よって送りがなも含めた答えは、「或《ヒト》勧《ム》下周《ニ》謁《シテ》二貴遊《ニ》一以《テ》免《ルルヲ》上」となる。

なお、「のがれよう」とするのだから、「免」の部分を「免《レンコトヲ》上」と読んでもよい。また、第一目的語で節を切り、「或《ヒト》勧《メテ》レ周《ニ》謁《シテ》二貴遊《ニ》一以《テ》免《レシメントス》」と読むことも可能である。

(2)

理由は傍線部の前後にある。特にセリフがあればそこが答えであることが普通。本設問では、傍線部直後の周の言葉がその理由。「往レ役義也」は、「徭役（税として課せられる強制労働）に行くのは義務だ」ということ。「謁二貴遊一、不二更辱一乎」は、「貴人に面会するのは、より一層恥ずかしいのではないか」ということ。文末の「乎」が疑問を表現している（疑問と反語の読み分けについては問題1の ここに着目しよう! を参照）。省略的な表現になっているので、内容を確認しよう。「謁二貴遊一」は、直前の「或」の言葉の「以免」が省略され、貴人に面会して徭役を免除してもらうことを表している。「不二更辱一乎」は「更」がポイント。「さらに」と言うのだから、すでに何か恥ずかしいことがあることになる。それは何か。ここで知っておいて欲しいのは、徭役は庶民に課せられるものであり、周のような知識人は通常免除されるということ。徭役に駆り出されるのは、知識人にとっては屈辱なのである。しかし、周は、貴人に頼って義務を逃れる方が、一層恥ずかしいことだと考えた。以上をまとめればよい。

問六 （心理の説明）

傍線部までの経緯を考える。参内した太守は、まず銓曹から「沈先生」について尋ねられ、知らないのでいい加減な答えをした。次いで内閣に行くと、そこでもまた「沈先生」について尋ねられた。一度ならず二度までも、それも政府の高官に尋ねられ、太守は「沈先生」が大変な有名人らしいことを知って驚いたわけだが、少しも心当たりがない。そこで、まさか知らないとも言えないので、いい加減なことを言ってごまかしたのである。以上をまとめればよい。

問七 （内容説明）

「其」は、「その」と読み、「彼の・彼が」「彼女の・彼女が」の意を表す。傍線部では「彼の」、指示しているのは周である。「状」は「状態・様子」である。つまり、沈周がいかなる人なのか、その様子を語ったことがわかる。沈周の紹介は文章の第一段落で、文章や書画にすぐれ、特に絵画に優れていたことが紹介され、第二段落では、母に孝を尽くすため、出仕せずに隠者となっていたことが紹介されている。この二つをまとめればよい。

配点・採点基準 （計30点）

問一 （各1点）

問二 （3点）

＊次の分離採点とする。

①1点 よの ②1点 あいちよ〔ょ〕うする〔あいしおもんずる〕 ③1点 ところとなる

②「あいじゅ（ゅ）う」は容認。「あいしおもんずる」も可。

問三 （3点）

＊次の分離採点とする。

①1点 とりわけ絵画に巧みで、 ②1点 絵の評論家は ③1点 明代で一番だとみなした。

①**[誤答例]**「最も絵画に巧みで」。「尤」は「特に」の意を表す。

②「評者」「評論する人」なども可。

③「みなした」「考えた」「思った」などと訳していること。

問四 （4点）

＊次の分離採点とする。

①1点 君は ②1点 母上が私を ③1点 自分の命だと思っていらっしゃることが ④1点 わからないのか。

①**[誤答例]**「あなたは」。「なんぢ」は敬意を込めない二人称。

②「母が」「お母さんが」でもよい。「母氏」のままは不可。
③「自分の命だと」は、「命のように」なども可。「命だと」も容認。
「思っていらっしゃることが」は「思っていることが」でもよい。単に「している」など、思う・考える意味でないものは不可。
④「しらないのか」でもよい。疑問として訳していること。

問五（⑴3点 ⑵4点）

⑴＊「免」の部分を「免《レンコトヲ》上」としてもよい。また、「或《ヒト》勧《メテ》レ周《ニ》謁《シテ》二貴遊《ニ》一以《テ》免《レシメントス》」としてもよい。

⑵＊全体として、貴人のつてで徭役を逃れたりはしない意味になっていること。その上で次の部分点を与える。

①1点 徭役は ②1点 恥だが義務で、③1点 貴人に頼って逃れては ④1点 一層恥だと思うから。

②義務であることがあれば、「恥」はなくても容認。
③身分ある人に頼って徭役を逃れる意味であればよい。
④「恥の上塗り」など、徭役に行くよりも恥ずかしいの意味であればよい。

問六（5点）

＊全体として、ごまかそうとしたりはぐらかそうとしたりする心理を表現していること。その上で次の部分点を与える。

①1点 重ねて問われ、②1点 「沈先生」は非常に有名な人らしいと ③1点 ますます驚き、④1点 知らないとは言いにくく、⑤1点 何とかごまかそうという心理。

①繰り返し問われたことが表現されていればよい。
②沈周が有名人だと気づいたことであればよい。
③一層驚いたの意味であること。
④知らないのではまずいと考えたことであればよい。
⑤まぎらわす、はぐらかす意味であればよい。
末尾は「心理」で結ぶこと。

問七（5点）

＊全体として、優れた才能がありながら隠者となっている人の意味になっていること。その上で次の部分点を与える。

①1点 「沈先生」は沈周といい、②1点 詩文や書に優れ、絵は明代随一であるが、③1点 母に孝養を尽くすために ④2点 隠者となっているということ。

①沈先生が沈周であることが明記されていること。
②詩や書画に優れていることであればよい。
③母親に対して親孝行であることであればよい。
④出仕せず、世間と距離を取っていることであればよい。
末尾は「こと」でむすぶこと。そうでなければ-1点。

採点例

「沈先生」なし

沈周が書も上手く、詩も堪能で工芸や絵にも秀でている
だけでなく、親を尊び利益を追求することのない人格者
であること。

隠者であることが明記されていない　－1点

句形と語句のチェック！

□**及二～一**《～におよび（て）》～の時に

□**長**《チョウず》すぐれる、成長する

□**奉**《ホウず》お仕えする、命令を受ける、（規則を）守る

□**奈何**[述語]《いかんぞ［述語未然形］んや》どうして～しようか（反語）

※「**～奈何。**」のように文末に存在する場合は、「いかん」もしくは「いかんせん」と読み、それぞれ「どのようか・どう思うか」「どうすればよいか・どうしようもない」の意を表す。

□**卒**《つひに》とうとう、結局

（「にはかに」と読んで、「突然に」の意を表すこともある。）

□**無レ恙**《つつがなし》無事、お元気

□**左右**《サユウ》側近

ここに着目しよう！ ～受身～

漢文には三種類の受身形がある。いずれも入試に頻出するのでしっかりと確認しておこう。

①**為二[名詞]所一レ[動詞]** **［名詞］の［動詞連体形］ところとなる**（［名詞］に～される）

為二人所一レ知 ひとのしるところとなる（人に知られる）

②**見（被）レ[動詞]** **［動詞未然形］る・らる**（～される）

見レ薦 すすめらる（推薦される）

③**[動詞]於[名詞]** **［名詞］に［動詞未然形］る・らる**（［名詞］に～される）

愛二於人一 ひとにあいせらる（人々に愛される）

6 『五雑組』

■お茶の水女子大学■

解答

問一　(a) およそ(たいはん)　(b) へ　(c) つか
問二　筏が長く無事なのは、水に逆らわないからだ。
問三　風や波に逆らわない知恵を持つ船乗りや漁民。
問四　廷臣無㆘出㆓其右㆒者㆖
問五　相手に逆らわないことで無事を得るという処世訓。

出典

謝肇淛《しゃちょうせい》『五雑組《ござっそ》』

謝肇淛(一五六七～一六二四)は明代の文人。『五雑組』はその随筆集で、作者の見聞・体験や読書と作者の所感が記されている。

読解のポイント

最近の入試に頻出する随筆の文章である。随筆は作者の見聞や体験と、それを通して作者が考えたことが記された文章。従って、見聞や体験＝逸話・物語と、思索＝論説文とが組合せされた文章だと言うことができる。

逸話・物語については、すでに問題4の【**読解のポイント**】で説明したように、主語を押さえて読解してゆく。論説文の読解については次章で詳しく説明しよう。いずれにしても、文章の構成を意識して、それぞれの部分に合わせた読解をしてゆく必要がある。ここで問題文の構成を確認しておこう。

一、販海之舟～不与水争也

作者の見聞。海外の貿易船や筏は、風や波に逆らわないため無事であることを述べる。

二、小人～処世之法

作者の思索。上記の見聞から処世術を悟ったことを述べる。

三、江南～此意

逸話。宋の太祖が、敵国の弁舌家を無学者に応接させたことを述べる。

見聞と思索、そして後の逸話の関係をここで考えておこう。

読み方　(漢字の音読みはカタカナ・現代かなづかいで、訓読みはひらがな・歴史的かなづかいで示す)

販海《ハンカイ》の舟《ふね》、覆溺《フクデキ》の虞《おそれ》無《な》き所以《ゆゑん》は、風《かぜ》と争《あらそ》はざればなり。大凡《おほよそ》舟《ふね》の覆《くつがへ》るは、多《おほ》く風《かぜ》と闘《たたか》ふに因《よ》る。此《こ》の輩海外諸国《ハイカイガイショコク》既《すで》に熟《ジュク》し、風《かぜ》の向《む》かふ所《ところ》に随《したが》ひ、帆《ほ》を挂《か》けて之《これ》に従《したが》ふ。故《ゆゑ》に其《そ》の歳《とし》を経《へ》て事《こと》無《な》きを保《たも》つなり。余海塩《ヨカイエン》・銭塘《セントウ》の魚《うを》を捕《と》らふる者《もの》を見《み》るに、疏《ソ》竹《チク》の筏《いかだ》を為《つく》り、半《なか》ば浮《う》かび半《なか》ば水上《スイジョウ》に沈《しづ》みて、風潮波浪《フウチョウハロウ》に任《まか》せ従《したが》はせ、す。舟《ふね》は皆戒心《みなカイシン》して、筏《いかだ》は永《なが》く恙無《つつがな》きは、水《みづ》と争《あらそ》はざればなり。小人誠《ショウジンまこと》に意智《イチ》有《あ》り。然《しか》して之《これ》に因《よ》りて処世《ショセイ》の法《ホウ》を悟《さと》る。江南徐《コウナンジョ》鉉《ゲン》を遣《つか》はして宋《ソウ》に聘《ヘイ》せしむ。詞鋒才弁《シホウサイベン》、廷臣《テイシン》其《そ》の右《みぎ》に出《い》づる者《もの》無《な》し。而《しか》して宋《ソウ》の太祖《タイソ》一《ひと》りの字《ジ》を識《し》らざる殿侍《デンシ》を遣《つか》はして之《これ》に接《セッ》せしむ。即《すなは》ち是《こ》れ此《こ》の意《イ》なり。

現代語訳

海外貿易の舟に転覆の恐れがない理由は、風に逆らわないからである。一般に舟が転覆するのは、多くは風に逆らうことによるのだ。彼ら海外の諸国は（航海に）熟練しており、風の向かう方に従って、帆をかかげて風に乗って進んでゆく。だから何年経っても無事なのだ。私が海塩や銭塘の漁師達を見てみると、まばらな竹で筏を作り、半分は水に浮かび半分は水に沈むという有様で、風や潮や波に任せている。舟がみな警戒（するような波風）でも、筏が無事なのは、水に逆らわないからである。身分賤しい者たちだが、まことに智慧があるものだ。そして（私は）これらによって処世術を悟った。南唐は徐鉉を派遣して、宋を訪問させた。（徐鉉は）舌鋒鋭く、弁舌は宋の朝廷にその右に出る者はいなかった。しかし宋の太宗は、一人の字を識らない殿侍を派遣して彼を接待させた。これこそこの（逆らわないことで無事を得る）意味なのだ。

設問解説

問一（重要語の読み）

(a)「**大凡**」は「**たいはん**」と音読みすることもあるが、「**凡**」と同様、「**およそ**」と読み「**すべて**」「**一般に**」の意を表す。傍線部では後者の意。

(b)「**経**」は動詞「**ふ（経る）**」。

(c)「**遣**」は動詞「**つかはす（派遣する）**」「**やる（追い払う）**」。傍線部では前者である。

問二（現代語訳）

「**無レ恙**」は「つつがなし」と読み、「**無事**」の意を表す。「**者**」は、上を名詞として強調する働きをしており、「**こと**」「**もの**」と訳し、また主語として強調している場合は特に訳さなくてもよい。傍線部はこの働きである。「者」は必ずしも人ではないことに注意しよう。「**与**」の働きは問題1の問一解説を参照のこと。傍線部では「～と」の意を表している。「与レ水争」は、文字通り「水と争う」と訳してもよいが、「水に逆らう」と意訳するとより意味がわかりやすいだろう。末尾が、「**ばなり**」と読まれていることに注意。「**[述語已然形]ばなり**」は、理由を表し、「**～だからだ**」と訳す。

問三（内容説明）

「**小人**」は「**君子**」と対比されて、道徳性に欠けるろくでもない人間の意味に用いられることが多いが、問題文では直後で「誠有二意智一」と誉めているので、その意味ではない。「小人」には他に、「**身分の低い人・庶民**」の意があり、傍線部はこの意味。逸話中に登場した庶民は、舟や筏をあやつる船乗りや漁民である。前述のように作者は彼らを知恵ある者として誉めているので、「風や波に逆らわない知恵を持つ」くらいを付けておこう。

問四（返り点）

返り点の規則については既に理解していると思われるが、**ここに着目しよう！**にまとめておく。しっかりと確認しておこう。返り点はこれらの規則に従って、読む字から読む字へ打って行く。傍線部では「右に出づる」の読みに従って、「右」から「出」に一二点で返り、「者無し」の読みに従って、「者」から「無」に上下点で返ればよい。

問五（内容説明）

「即是」は「すなはちこれ」と読み、「AこそBだ」と、二つのものが等しいことを強調する。Aに当たるものは省略されているので、「これこそ」と訳すとよい。「**意**」は「**気持ち・心**」「**意味**」の意を表す。傍線部では後者。よって傍線部は「これこそこの意味だ」となる。徐鉉の逸話がこの意味だというのである。抽象的だが、**［読解のポイント］**で解説した文章全体の構成を考えてみよう。この文章は次の三つの部分からなる。

①貿易船や筏は、風や波に逆らわないため無事であること
②作者がそこから処世術を悟ったこと
③徐鉉の逸話

二つの逸話で作者の思索がサンドイッチされたような構成になっているが、①の逸話も③の逸話も、作者の思索につながっているのだから同じ内容のものだと予想できる。そこで③の逸話を確認すると、敵国から舌鋒鋭い徐鉉が派遣されてきたのに対して、太宗が、わざと文字も知らない無学な男を差し向けたことが語られている。無学な男は、徐鉉の言葉を訳もわからずはいはいと聞いていたのであろう。これでは徐鉉としても弁舌の振るいようがない。よって予想通り、この逸話も逆らわずに受け流すことで無事を得ることを述べていることがわかる。以上から、「逆らわないことで無事が得られるという処世訓」くらいにまとめればよい。

配点・採点基準 （計30点）

問一（各2点） ＊送りがなも含めても可。

問二（6点） ＊以下の分離採点とする。

筏が長く無事なのは、（①2点）水に逆らわない（②2点）からだ。（③2点）

①全体を主語として訳していること。そうでなければ部分点0。
②「争わない」は-1点。
③理由として訳していること。そうでなければ部分点0。

問三（6点）

＊船乗りや漁民であることが明記されていること。そうでなければ全体0点。その上で次の部分点を与える。

風や波に逆らわない（①2点）知恵を持つ（②2点）船乗りや漁民。（③2点）

①「風」もしくは「波」のみであれば、-1点。

②賢い意味であればよい。

③「船乗り」もしくは「漁民」のみであれば、-1点。

問四（5点）

問五（7点）

＊「さからわない」「うけながす」ことが明記されていること。そうでなければ全体0点。その上で次の部分点を与える。

相手に逆らわないことで（①3点）無事を得るという（②2点）処世訓。（③2点）

①「うけながす」「やりすごす」など、逆らわずに避ける意味であればよい。

②「世の中を渡ってゆく」「生きてゆく」など、それによって無事にやっていく意味であればよい。

③「教え」「知恵」「人生訓」など、「処世」という言葉がなければ-1点。

採点例

舟や筏が風や水にさからわないことで、沈まないように相手と争わないことでやりすごすということ。

②なし　③×　3点

句形と語句のチェック！

□**歳**《とし》　年、歳月　※年齢だけではないことに注意

□**余・予**《ヨ》　わたし

□**為**《なす》　～にする

《なる》　～になる

《つくる》　作る

《をさむ》　修める・治める

ここに着目しよう！　～返り点の規則～

◆返り点の種類（丸付き数字は読む順番を示す）

Ⅰ　レ点　一文字返る

レ点が付された文字に出会ったら、直下の一字を読み、その後でレ点の付された文字を読む。

②レ①　学レ書　→　書を学ぶ（書物を学ぶ）

Ⅱ　一二（三、四…）点　一文字以上を越えて返る

二点（三点、四点…）が付された文字はひとまず読まないで下へ読み進める。一点の付された文字に出会ったら、その文字を読んだ後、二点、三点、四点…が付された文字へと順に返ってゆく。

⑤三①④二②③一　知三其学二史書一　→　其の史書を学ぶを知る（彼が史書を学んでいるのを知る）

④二②レ①③一　有二学レ書者一　→　書を学ぶ者有り（書物を学んでいる者がいる）

Ⅲ　上（中）下点　一二点を越えて返る

中点、下点が付された文字はひとまず読まないで下へ読み進める。上点の付された文字に出会ったら、その文字を読んだ後、中点、下点の付された文字へと順に返ってゆく。

⑦下①⑥中④二②③一⑤上　知下国有中学二史書一者上　→　国に史書を学ぶ者有るを知る（国に史書を学んでいる者がいるのを知る）

返り点にはこれら以外に、**甲乙（丙、丁…）点**、**天地人点**がある。甲乙点は上下点を越えて返る場合、あるいは一二点を越えて上に三か所以上返る場合に使われ、天地人点は甲乙点を越えて返る場合に使われるが、いずれも出現頻度は高くない。まずはレ点から上下点までの読み方・返り点の打ち方を練習すること。

◆注意すべき返り点の規則

Ⅰ 返読の径路は交叉してはいけない

返読の径路は必ず入れ子になる。
交叉は不可。 ×

Ⅱ 熟語への返読

熟語の二文字の間に返り点が打たれる。また、二文字の間に熟語であることを示すための縦線を入れることが多い。

学二‐習史書一 → 史書を学習す

返りはじめの部分は、たとえ熟語であっても、間に返り点を打つことはしない。

× 学二‐習史一‐書

Ⅲ レ点、一二点、上下点の順に使用する

レ点で済むのに一二点を使ったり、一二点で済むのに上下点を使用したりしてはいけない。

× 学二書一 ↔ ◎ 学レ書　書を学ぶ

× 学下史書上 ↔ ◎ 学二史書一　史書を学ぶ

例外として、熟語に返り、さらに一文字返る場合には、三点や下点が用いられる。

不三学二‐習史書一　史書を学習せず

Ⅳ 一点・上点とレ点の組み合わせ

一文字返り、さらに一点・上点に従って返読する場合、「一レ」「上レ」の組み合わせ点が作られる。

知二其学一レ書　其の書を学ぶを知る

知下其読二史書一学上レ道　其の史書を読み道を学ぶを知る

二点（三点・四点…）、あるいは中点・下点とレ点が組み合わせられることはないことに注意。

× 不二レ見其学一レ書 ↔ ◎ 不レ見二其学一レ書　其の書を学ぶを見ず

解答

問一 減税しようとするならば、国の必要経費が足りなくなり、

問二 宜しく百寮をして各意見を陳べしめて以て其の弊を革むべし

問三 貪愚

問四 (イ)民衆からの収奪をしない、清廉潔白で政治の能力のある役人。

(ロ)地域の特性に応じて、経済活動を円滑にするための法令を施行できる役人。

出典

元稹《げんしん》『元氏《げんし》長慶集《ちょうけいしゅう》』

元稹(七七九〜八三一)は、中唐の詩人・政治家。親友の白居易とともに、平易な詩風を提唱し、元白体と称される。『元氏長慶集』はその詩文集である。

読解のポイント

本格的な論説的文章である。漢文の論説文においては、論旨を進めるにあたって、しばしば二つのものを**対比**することが行われる。また、対比を強調するために同型を繰り返す**対句**の構造が作られる。これらに沿って論旨を整理してゆけばよい。

まずAの文においては、「貨軽銭重」と「徴税暗加」という、同型の二つの事項が対比的に提示されていることに注意。

漢文の論説文においては、最初に対比が提示されると、それを引き継ぐ形で論旨が進むことが多い。そこでBの文を確認すると、第一段落では、「賦税之暗加」「銭貨之軽重」と、少し形を変えて同じ意味のことが繰り返されていることがわかる。それぞれの前後を確認してみよう。

黎庶之重困、不レ在二於賦税之暗加一、患在二於剥奪之不一レ已

銭貨之軽重、不レ在二於議論之不一レ当、患在二於法令之不一レ行

それぞれの部分で、「不レ在」と「在」とが逆の関係で対比されていることに注意。前半においては、作者が、民衆の苦しみの原因は皇帝の言う「徴税暗加」にはなく、「剥奪」がやまないことにあるのだと考えており、後半においては、皇帝の言う「貨軽銭重」について、議論が的外れなのではなく、経済活動を活発にするための法令が実行されていないせいだと考えていることがわかる。

さらに、第二段落・第三段落の末尾には、それぞれ次のように同型が繰り返されている。

蓋得レ人則理之明験也。豈徴税暗加之謂乎

又得レ人則理之明験也。豈銭重貨軽之謂乎

「豈」は反語を作る。漢文の反語は否定の強調。よって、第二段落では「徴税暗加などではない」、第三段落では「貨軽銭重などではない」と、第一段落と同様に、皇帝の考えに異を唱えている。そしていずれも、人材を得ることこそ大事なのだと考えていることがわかる。このように整理していけば、作者の主張が容易に理解できるだろう。

読み方

（漢字の音読みはカタカナ・現代かなづかいで、訓読みはひらがな・歴史的かなづかいで示す）

A　当今《トウコン》の百姓《ヒャクセイ》の困《コン》、衆情《シュウジョウ》の知《し》る所《ところ》なり。税《ゼイ》を減《ゲン》ぜんと欲《ほっ》すれば則《すなは》ち国用《コクヨウ》充《み》たず。旧《キュウ》に依《よ》らんと欲《ほっ》すれば則《すなは》ち人困転《ジンコンうた》た甚《はなはだ》し。皆《みな》貨軽銭重《カケイセンチョウ》・徴税暗加《チョウゼイアンカ》に由《よ》る。宜《よろ》しく百寮《ヒャクリョウ》をして各《おのおの》意見《イケン》を陳《の》べしめて以《もっ》て其《そ》の弊《ヘイ》を革《あらた》むべし。

B　臣《シン》以為《おも》へらく当今《トウコン》の百姓《ヒャクセイ》の困《コン》、其《そ》の弊数十《ヘイスウジュウ》なり。独《ただ》に銭貨《センカ》徴税《チョウゼイ》の謂《いひ》のみにあらざるなり。既《すで》に聖問之《セイモンこれ》を言《い》ふ。又《ま》た以為《おも》へらく黎庶《レイショ》の重困《ジュウコン》、賦税《フゼイ》の暗加《アンカ》に在《あ》らず、患《カン》は剥奪《ハクダツ》の已《や》まざるに在《あ》り。銭貨《センカ》の軽重《ケイチョウ》、議論《ギロン》の当《あ》たらざるに在《あ》らず、患《カン》は法令《ホウレイ》の行《おこな》はれざるに在《あ》り。

今天下《いまテンカ》の賦税《フゼイ》は一法《イッポウ》なり、厚薄《コウハク》は一概《イチガイ》なり。然《しか》れども廉能之《レンノウこれ》に莅《のぞ》めば則《すなは》ち生息《セイソク》す、貪愚之《タングこれ》に莅《のぞ》めば則《すなは》ち敗傷《ハイショウ》す。蓋《けだ》し人《ひと》を得《う》れば則《すなは》ち理《をさ》むるの明験《メイケン》なり。豈《あ》に徴税暗加《チョウゼイアンカ》の謂《いひ》ならんや。

嶺《レイ》より已南《イナン》、金銀《キンギン》を以《もっ》て貨幣《カヘイ》と為《な》す。巴《ハ》より已外《イガイ》、塩帛《エンパク》を以《もっ》て交易《コウエキ》を為《な》す。黔《ケン》・巫《フ》・渓《ケイ》・峡《キョウ》、大抵水銀《タイテイスイギン》・硃砂《シュシャ》・繒綵《ソウサイ》・巾帽《キンボウ》を用《もち》ゐて以《もっ》て相市《あひか》ふ。然《しか》れば前人之《ゼンジンこれ》を以《もっ》て理《をさ》むとするは、後人之《コウジンこれ》を以《もっ》て擾《みだ》るとす。東郡之《トウグンこれ》を以《もっ》て耗《そこなひ》とするは、西郡之《セイグンこれ》を以《もっ》て贏《まうけ》とす。又《ま》た人《ひと》を得《う》れば則《すなは》ち理《をさ》むるの明験《メイケン》なり。豈《あ》に銭重貨軽《センチョウカケイ》の謂《いひ》ならんや。

現代語訳

A　現在の民衆の困窮は、みなが心に知ることだ。減税をしようとすれば、国の必要経費がみたせず、以前通りにしようとすれば、民衆の苦しみはますますひどくなる。すべて「貨軽銭重（物の価値が低く、銭の価値が高い）」と「徴税暗加（税が気づかぬように上げられている）」によるのだ。百官にそれぞれ意見を述べさせてその弊害をあらためるがよい。

B　わたくしが思いますに、今の民衆の困窮は、その（原因となる）弊害は数十もあります。貨軽銭重・徴税暗加の理由だけではありません。すでに陛下のご質問にこのことをおっしゃっておられます。さらに思いますに、庶民のひどい苦しみの理由は、徴税暗加にはなく、民衆からの収奪がやまないことにあるのです。貨軽銭重の理由は、（物や銭の価値の）評価が不当なのではなく、経済活動を円滑にするための法令が実行されていないことにあるのです。

今、天下の賦税は同じ法律に基づき、税率も共通です。しかしながら清廉で能力がある役人が上に立てば民衆は安楽に暮らし、貪欲で愚かな役人が上に立てば、民衆は困窮します。思うに（これこそ）適切な人を得れば治まるということの明らかな証拠です。

徴税暗加が理由なのではありません。

五嶺（広東省北部の連山）以南では、金銀を貨幣としています。巴（四川省の長江流域）から外では、塩や絹の布で交易を行っています。黔（貴州省）・巫（四川省）・渓（湖南省）・峡（湖北省）では、一般に水銀・硃砂（赤い水銀化合物）・色絹・帽子を用いて取引をしています。こうしたわけで、前任者が治まっていると思うことが、後任の人には乱れていると思われ、東の郡では損だと思うことが、西の郡では儲けだと思われるのです。これまた適切な人を得れば治まるということの明らかな証拠です。貨軽銭重が理由なのではありません。

設問解説

問一　（現代語訳）

「**欲レ動詞**」は「**[動詞未然形] んとほつす**」と読み、「**～したい**」「**～しようとする**」の意を表す。「減」はサ変動詞「ゲンず（減らす）」。「**則**」は「**すなはち**」と読み、仮定を受ける働きをする。「国用」は国の費用・必要経費の意。「充」は動詞「みつ（みちる、充足させる）」。傍線部では「不」で否定されているので、「たりない」の意を表す。また、「、」で次節につながっているため、**接続を表現**しなければならない。以上から、「減税しようとするならば、国の必要経費が足りなくなり」と訳せばよい。なお、書き下しは、「欲レ減レ税則国用不レ充（税を減ぜんと欲すれば則ち国用充たず）」となる。

問二　（書き下し）

「**宜レ動詞**」は「**よろしく [動詞終止形・ラ変動詞連体形] べし**」と読み、「**～するのがよい**」の意を表す。「**令**」は「使」と同様、使役を作る。「**令ニ名詞動詞一**」の形を取り「**[名詞] をして [動詞未然形] しむ**」と読んで、「**[名詞] に～させる**」の意を表す。

「百寮」は「百官」に同じ。様々な役人の意を表す。これが使役の対象で、「をして」が送られる。「**各**」は「**おのおの**」と読み、「**それぞれ・各自**」の意を表す。「**陳**」には、次のような読みと意味がある。

つらぬ　**並べる「陳列」**
ふるし　**古い「陳腐」**
のぶ　**述べる「陳述」**

傍線部では「のぶ」である。

「**以**」は、以下に目的語を以て、「～を以て」と返読することが多いが、目的語を持たない場合は、接続詞として前後をつなぐ働きをすることが多い。その場合は、「以」の直前の述語に、順接の接続助詞「て」を送る。「革」は動詞「あらたむ（改める）」。「弊」は「弊害」の意。以上から、「宜しく百寮をして各意見を陳べしめて以て其の弊を革むべし」と書き下すことがわかる。

問三　（単語の抜き出し）

「剥奪」はもちろん、奪い取ること。話題となっているのは民衆の苦しみのことだから、民衆から収奪することだと考えられる。ではどのような役人か。第一段落には出てこないようなので、第二段落へと読み進めてゆく。すると、一行目の後半に、次のような対句表現がある。

廉能莅レ之則生息
貪愚莅レ之則敗傷

「廉能」は、清廉潔白で能力のある人。「莅」は民衆の上に立つこと。「生息」は民衆が安楽に生活すること。対句においては、対応する要素は相同・相反・並列のいずれかの関係をもつ。したがって「貪愚」は「廉能」の反対で、貪欲で能力のない人、「敗傷」は「生息」の反対で、その役人のもとで民衆が苦しむことを表すと考えられる。これが「剥奪」ということであろう。よって、答えは「貪愚」である。

問四（内容説明）

すでに**【読解のポイント】**で説明したように、Bの文章は次のような構成になっている。

一、民衆の苦しみは、「徴税暗加」「貨軽銭重」のせいではない
黎庶之重困、不レ在二於賦税之暗加一、患在二於剥奪之不一レ已
→「徴税暗加」ではなく、剥奪が真の原因
銭貨之軽重、不レ在二於議論之不一レ当、患在二於法令之不一レ行
→「貨軽銭重」ではなく、経済活動を円滑にする法令が施行されていないのが真の原因

二、「徴税暗加」のせいではないことの詳しい説明
蓋得レ人則理之明験也。豈徴税暗加之謂乎
→優れた人を得れば治まる。「徴税暗加」のせいではない

三、「貨軽銭重」のせいではないことの詳しい説明
又得レ人則理之明験也。豈銭重貨軽之謂乎
→優れた人を得れば治まる。「貨軽銭重」のせいではない

では、どのような人がいればいいのか。もちろん、第一段落で述べていた、「徴税暗加」「貨軽銭重」ではない、民衆の困窮の真の原因を解決することができる人であろう。従って、第二段落（イ）に対しては、「剥奪」を行わない清廉な役人、第三段落（ロ）に対しては、経済活動を円滑にする法令が施行できる役人ということになる。これが答え。第三段落では、各地の経済活動に違いがあることが具体的に述べられているので、「地域の実情に応じて」くらいを付け加えておくとよいだろう。

配点・採点基準 （計30点）

問一（6点）

＊次の分離採点とする。

減税しようとする（①2点）｜ならば、（②1点）｜国の必要経費が（③1点）｜足りなくなり、（④2点）

①「税金を減らしたいと思えば」なども可。
「～したい」「～しようとする」と訳していること。そうでなければ部分点0。

②条件として訳していること。
③「国用」のままは0点。
④次節に順接で接続していること。終止形は-1点。

問二（6点）

＊次の分離採点とする。

宜しく 百僚をして（②1点） 各意見を陳べしめて（③1点） 以て其の弊を（④1点） 革む（⑤1点） べし（①2点）

①呼応していなければ部分点0。
③「各々」も可。順接で接続していること。
④「を」がなければ0点。

問三（4点）

問四（イ）7点（ロ）7点

（イ）＊清廉さと能力の双方の要素がなければ全体0点。その上で次の部分点を与える。

民衆からの収奪をしない、（①3点）清廉潔白で政治の能力のある（②3点）役人。（③1点）

①民衆から過酷に税を取り立てることをしない意味であればよい。

（ロ）＊経済活動を円滑にするための法令を実行する要素がなければ全体0点。その上で部分点を与える。

地域の特性に応じて、（①3点）経済活動を円滑にするための法令を施行できる（②3点）る役人。（③1点）

②「施行」は「実行」など、それを行う意味であればよい。

採点例

(イ) 剥奪を行わず、清廉で有能な人物。（民衆から ①-1）（③×） 5点

(ロ) 経済活動を円滑にするための法令を実施できる人物。（①なし）（③×） 3点

句形と語句のチェック！

□**百姓**《ヒャクセイ》 民衆
□**転**《うたた》 ますます
□**以為二～一**《もつて～となす》 ～にする、～だと思う
□**以為～**《おもへらく～》 ～だと思う
□**不二独～一**《ひとり～のみならず》 ～だけではない
（本文では「ただに～ず」と読んでいるが、この読みはまれ。）
□**已**《やむ》 やむ、やめる
□**蓋**《けだし》 思うに
□**自レ名詞**《～より》 ～から

ここに着目しよう！ ～対句構造～

対句は、文法的に同じ構造の文を並列して、対比を強調したものである。対句をなす各文の間には、次のような特徴がある。

一、各文の返り点は原則として共通

患在㆓於剥奪之不㆒已

患在㆓於法令之不㆒行

二、各文の送りがなをなるべくあわせる

廉能莅メバ㆑之ニ則チ生息ス

貪愚莅メバ㆑之ニ則チ敗傷ス

入試問題ではこの性質を利用して、しばしば対句をなしている文の片方が書き下しの設問に使用される。その場合は、送りがなや返り点が付されているもう片方の文を参考に書き下せばよい。

また、対句や対比をなしている各要素は、相同・相反・並列のいずれかの関係をなす。

廉能 ↔ 貪愚　莅㆑之 則　生息 ↔ 敗傷

特に相同と相反に注意。入試問題ではこの性質を利用して、対句をなす文を解釈する設問や、対応する部分を空欄にして充填させる設問が作られる。設問を解く際には、常に傍線部が前後と対句や対比をなしていないか確認する習慣をつけよう。

8 「和陶飲酒并叙」

岡山大学

解答

問一 つねにさんをとるをもつてたのしみとなし（て）
問二 我不レ如カ二陶生ニ一
問三 ア＝B　イ＝C　ウ＝A
問四 心に煩いがなく自由で惑いがない、酒を飲んで得られる心境を知り、酒は飲めないがいつも空の杯を手にすると詠じられている。（58字）

出典

蘇軾《そしょく》「和陶飲酒并叙」

蘇軾（一〇三六～一一〇一）は北宋の文人。東坡《とうば》という号でも知られる。唐宋八大家の一人に数えられる文章家として、また詩人としてもすぐれた作品を残し、さらに書画にも才能を発揮した。「和陶飲酒并叙」は、「帰去来の辞」で有名な晋代の詩人・陶潜（淵明）の「飲酒」という連作詩へのオマージュとして、元の詩と同じ韻の文字を使って作った詩の連作と、それに対する序文である。

読解のポイント

漢詩の設問。最近の入試問題では、漢詩単独の出題よりも、本設問のように文章と組み合わせることが多くなっている。文章と詩とが結びついているのだから、両者の関係に注意して読解してゆこう。具体的には、**詩の主題・内容が文章中で言及**されていることが多い。

漢詩についてはその規則に注意。特に韻の文字と対句がしばしば設問に用いられる。本問の **ここに着目しよう！** に規則をまとめたので、必ず憶えておくこと。なお、問題文の漢詩の形式は五言古詩である。

読み方

（漢字の音読みはカタカナ・現代かなづかいで、訓読みはひらがな・歴史的かなづかいで示す）

吾酒《われさけ》を飲《の》むこと至《いた》つて少《すくな》し、常《つね》に盞《サン》を把《と》るを以《もつ》て楽《たの》しみと為《な》し、往往頽然《オウオウタイゼン》として坐睡《ザスイ》す。人《ひと》は其《そ》の酔《よ》へるかと見《み》るも、吾《われ》は中《うち》に了《リョウ》然《ゼン》たり、蓋《けだ》し能《よ》く其《そ》の酔《よ》へると為《な》すか醒《さ》むると為《な》すかを名《な》づくる莫《な》きなり。揚州《ヨウシュウ》に在《あ》る時《とき》、酒《さけ》を飲《の》みて午《ひる》を過《す》ぐれば輒《すなは》ち罷《や》む。客《キャク》去《さ》れば、衣《イ》を解《と》きて盤礴《バンパク》す、終日歓《シュウジツよろこ》び足《た》らずして適《テキ》は余《あま》り有《あ》り。因《よ》りて淵明《エンメイ》の飲酒二十首《インシュニジッシュ》に和《ワ》す、庶《こひねが》はくは以《もつ》て其《そ》の名《な》づくべからざる者《もの》を仿佛《ホウフツ》せしめん。舎弟子由《シャテイシユウ》・晁无咎学士《チョウムキュウガクシ》に示《しめ》す。

我陶生《われトウセイ》に如《し》かず
世事之《セジこれ》に纏綿《テンメン》す
云何《いかん》ぞ一適《イッテキ》を得《え》て
亦《ま》た生時《セイジ》の如《ごと》きこと有《あ》らん
寸田《スンデン》に荊棘《ケイキョク》無《な》く

佳処《カショ》正《まさ》に茲《ここ》に在《あ》り
心《こころ》を縦《ほしいまま》にして事《こと》と往《ゆ》く
遇《あ》ふ所《ところ》復《ま》た疑《うたが》ふこと無《な》し
偶《たまたま》酒中《シュチュウ》の趣《おもむき》を得《え》て
空杯《クウハイ》亦《ま》た常《つね》に持《ジ》す

現代語訳

私はまことに少ししか酒が飲めないが、いつも盃を手にすることを楽しみとし、しばしば酔って座ったまま寝てしまう。人は私が酔っているのかと思うが、私の内面ははっきりしている。思うに酔っているとも醒めているとも名づけることのできない状態なのだ。揚州にいる時、酒を飲んでも正午を過ぎればすぐにやめ、客が帰れば、着物を脱いで足を投げ出して座った。これで終日、酒を飲む歓楽はあまりなくても、心に適うよろこびは十分であった。そこで陶淵明の「飲酒」二十首に唱和した。願わくばその名づけることができない者を髣髴とさせることを。弟の子由、晁无咎学士にお見せする。

私は陶淵明殿にはとても及ばない
世間の雑事が身にまとわりついている
どうすれば心に適うよろこびを得て
淵明殿の生前のようになれるだろう
心に煩わすものがない
素晴らしいところは正にそこにある
心を自由にして物事の流れに従う
人生で出会うものにもはや惑いはない
たまたま酒の中の趣を知って
空の杯をいつも手にする

設問解説

問一　（書き下し）

「**以レA為レB**」は「**AをもつてBとなす**」と読み、「**AをBにする**」「**AをBだと思う**」の意を表す。「常」は副詞「つねに（いつも）」、「把」は動詞「とる（手にする）」である。

問二　（返り点と送りがな）

「**不レ如二～一**」は「**～にしかず**」と読み、「**～には及ばない＝～の方が上だ**」の意を表す。

問三　（空欄充塡）

漢詩は通常、奇数句とそれに続く偶数句でひとつのまとまりを作っている。したがって、［ア］を考える際には第一句の内容が参考になる。第一句は問二となっているが、「私は陶潜（淵明）には及ばない」の意。そして、［ア］がまとわりついているというわけだが、陶潜と言えば最も有名なのは「帰去来の辞」で、これはさっさと宮仕えをやめて引退するという内容の詩であった。このことから［ア］は宮仕えや世俗の煩わしさを示すと考えられる。よってB「世事」が答え。

続く第三句・第四句では、内容もさることながら、［ウ］が第四句の末にあることに注意。漢詩では必ず偶数句末に韻字が置かれる。韻は末尾の母音が同じ文字である。ここで他の韻字を抜き出すと、「之（シ）」「茲（ジ）」「疑（ギ）」「持（ジ）」で、いずれも「-i」音で終わっていることがわかる。よって、「時（ジ）」で終わるA「生時」が［ウ］に入ることがわかる。なお、Cの「適」もローマ字書きすると、「teki」となって、「-i」音で終わっているように見えるが、漢字の音読みを歴史的かなづかいで表記して、末尾が「フ」「ク」「ツ」「チ」「キ」で終わる文字は、他の文字とは韻をなさず、それら同士で韻を踏む。これで決まりだが、さらに、文章中に「適有レ余」とあることから、作者が「適」を求めたことがわかり、［イ］に入るのが、C「一適」であると決定できる。

問四（内容説明）

「酔っているとも醒めているともわからない状態」なのであるから、もちろん酒と関わるはず。したがって、「酒」や「杯」が登場する第九句・第十句にまずは着目する。両句で述べられているのは、「飲酒による心もちを知り、空の杯を常に手にする」ということ。第十句の内容は、文章の冒頭に「吾飲レ酒至少、常以レ把レ盞為レ楽」とあることと同じ。「飲レ酒至少」とあることから、杯が空なのは飲み干してしまったのではなく、飲めないので酒を入れずに、ただ杯を手にする飲酒の境地を楽しんでいることがわかる。では、第九句の「酒中趣」とは具体的にどのような心境であろうか。心について述べているのは第五句から第八句までで、「寸田無二荊棘一」とあるように、心に煩いがなく、「縦レ心」、心を自由にして、「所レ遇無二復疑一」すなわち、この人生で出会うものに疑問や惑いがないことを語っている。これが「酒中趣」であろう。以上のことをまとめればよい。

配点・採点基準 （計30点）

問一（5点）

＊次の分離採点とする。

①1点 つねに ②2点 さんをとるを ③1点 もつて ④1点 たのしみとなし（て）

問二（6点） ＊「我」に送りがな「ハ」を付してもよい。

問三（各4点）

問四（7点）

＊全体として、酒を飲む心境を知ったり求めたりしている大意であること。その上で以下の部分点を与える。

①1点 心に煩いがなく ②1点 自由で惑いがない、 ③2点 酒を飲んで得られる心境を知り、 ④1点 酒は飲めないが ⑤1点 いつも空の杯を手にすると ⑥1点 詠じられている。

②のびのびとして心に迷いがない意であればよい。

③「知り」は「求め」も可。

◆漢文◆ 8「和陶飲酒并叙」

採点例

心をわずらわすものがなく自由で、疑うところがなく、酒を飲んでいるような気持ちで、いつも空の杯を手にしているような状態。

④なし
⑥表現未熟
5点

句形と語句のチェック！

□ 至《いたつて》 この上なく
□ 往往《オウオウ（にして）》 時々
□ 庶《こひねがはくは》 ぜひ〜したい

ここに着目しよう！ 〜漢詩の規則〜

漢詩については、形式の見分けがつくこと、韻の文字の位置を知っていることが一番大事である。また、しばしば対句が設問に使われるので、特に律詩については必ず対句が作られることに注意しよう。

一、形式の見分け方

出題された詩が、

四句で構成 → **絶句**（五言と七言がある）
八句で構成 → **律詩**（五言と七言がある）
四句・八句以外 → 古詩

二、韻の位置

韻＝末尾の母音が共通する文字

どんな詩も**偶数句末に韻**

＊七言絶句・七言律詩は第一句末にも韻字を置くが、省略されることも多い。

三、対句

律詩の ①**第三句と第四句** ②**第五句と第六句** は必ず対句

《◎が韻の文字 ＊は対句》

五言絶句
〇〇〇〇〇
〇〇〇〇◎
〇〇〇〇〇
〇〇〇〇◎

七言絶句
〇〇〇〇〇〇〇
〇〇〇〇〇〇◎
〇〇〇〇〇〇〇
〇〇〇〇〇〇◎

五言律詩
〇〇〇〇〇
〇〇〇〇◎
＊〇〇〇〇〇
＊〇〇〇〇◎
＊〇〇〇〇〇
＊〇〇〇〇◎
〇〇〇〇〇
〇〇〇〇◎

七言律詩
〇〇〇〇〇〇〇
〇〇〇〇〇〇◎
＊〇〇〇〇〇〇〇
＊〇〇〇〇〇〇◎
＊〇〇〇〇〇〇〇
＊〇〇〇〇〇〇◎
〇〇〇〇〇〇〇
〇〇〇〇〇〇◎

《索引》［（）内は問題番号］

古文 「語句チェック」で取り上げた語句を再掲した。復習に役立てよう。

あ

□あさまし …… 53（8）
□あざ笑《わら》ふ …… 40（6）
□あたら …… 76（12）
□あつかふ …… 9（1）
□あてに …… 59（9）
□跡《あと》の事《わざ》 …… 9（1）
□あなたの年《とし》ごろ …… 65（10）
□あはれに …… 46（7）
□あはれに思《おぼ》す …… 58（9）
□相《あ》ひ具《ぐ》す …… 9（1）
□あやし …… 33（5）
□あやしく …… 9（1）
□あらるべき心《ここ》ち …… 45（7）
□ありがたき事《こと》を …… 9（1）
□ありがたし …… 65（10）
□歩《あり》き …… 29（4）
□歩《あり》きたまうける …… 28（4）
□ありし世《よ》 …… 9（1）
□ありつく …… 65（10）
□あるべき故《ゆゑ》もなし …… 9（1）
□行脚《あんぎや》 …… 76（12）
□案《あん》ず …… 70（11）

い

□優《いう》に …… 33（5）
□いかで〜ん …… 9（1）
□いかなるついでを取《と》り出《い》でん …… 53（8）
□いかにも〜なし …… 52（8）
□いかめし …… 64（10）
□勢《いきほ》ひ …… 64（10）
□いくらも …… 45（7）
□急《いそ》ぎ思《おぼ》し召《め》す …… 33（5）
□一定《いちぢやう》 …… 70（11）
□いつしか …… 15（2）
□いつしかと …… 53（8）
□一所《いつしよ》 …… 40（6）
□いつ習《なら》ひけるぞ …… 59（9）
□出《い》でおはす …… 65（10）
□いでや …… 65（10）
□いとほし …… 16（2）
□命《いのち》たへぬも …… 65（10）
□いはれたり …… 70（11）
□言《い》ひつべき …… 53（8）
□言《い》ひもあへず …… 40（6）
□いぶせし …… 59（9）
□今《いま》さら …… 16（2）
□いらへ …… 53（8）
□色《いろ》 …… 40（6）
□色《いろ》めきたる若《わか》き人《ひと》 …… 58（9）

う

□憂《う》きうへの …… 45（7）
□うち忍《しの》びつつ通《かよ》ふ …… 58（9）
□うちながむ …… 45（7）
□うちなびく …… 59（9）
□内裏《うち》におはします …… 28（4）
□うつつにて …… 9（1）
□うとまし …… 53（8）
□倦《う》む …… 76（12）

え

□え〜じ …… 70（11）
□えよまずなる …… 29（4）
□艶《えん》なり …… 15（2）

お

□おくれたてまつらでさぶらひける …… 28（4）
□行《おこな》ふ …… 28（4）
□怖《おそ》れ過《す》ごす …… 33（5）
□おとづれ …… 16（2）
□おどろかす …… 15（2）
□おなじ流《なが》れ …… 53（8）
□同《おな》じ御山《みやま》のゆかり …… 33（5）
□おのおの …… 70（11）
□おのづから …… 59（9）
□おのづから参《まゐ》りつく …… 65（10）
□おぼえず …… 65（10）
□覚《おぼ》えず …… 70（11）
□覚《おぼ》えたる …… 9（1）
□おほかたの世《よ》 …… 65（10）
□思《おぼ》し寄《よ》る …… 58（9）
□大空《おほぞら》の星《ほし》の光《ひかり》を盥《たらひ》の水《みづ》に映《うつ》す …… 64（10）
□祖父《おほぢ》 …… 40（6）
□御《おほん(おん)》袖《そで》ただならず …… 59（9）
□思《おも》はしむ …… 70（11）
□思《おも》ひあつかふ …… 53（8）／64（10）

□思《おも》ひ置《お》く……40（6）
□思《おも》ひ切《き》る……40（6）
□思《おも》ひ立《た》つ……53（8）
□思《おも》ふやうに……33（5）
□おりゐる……28（4）
□おる……33（5）
□御心《おんこころ》得《え》候《さうら》ひて……40（6）
□御《おん》とのごもる……58（9）

か

□かかるしれ者《もの》こそ候《さうら》ひつれ……21（3）
□かかる由《よし》……15（2）
□限《かぎ》りなりける時《とき》……9（1）
□かくは聞《き》こえしかど……52（8）
□かくる……58（9）
□かけても～打消……58（9）
□かしらおろす……28（4）
□かすかにて……29（4）
□かたち……15（2）
□かたよらず……76（12）
□語《かた》らふ……15（2）
□語《かた》る……70（11）
□かつは……16（2）
□かねて聞《き》き置《お》きぬらむ……40（6）
□代《か》はる……33（5）
□かへさ……45（7）
□かへるとし……45（7）
□かまへて～べからず……40（6）
□上下《かみしも》の人《ひと》……65（10）
□かやうの筋《すぢ》……58（9）
□かる……59（9）
□かれがれになる……15（2）

き

□聞《き》かまほしげに……70（11）
□聞《き》こえはべりし……33（5）
□聞《き》こえわたる……58（9）
□来《き》たり給《たま》へるぞ……9（1）
□きと……9（1）
□行幸《ぎやうかう(みゆき)》……33（5）
□興《きよう》あめれ……76（12）
□気《き》を養《やしな》ふ……76（12）

く

□具《ぐ》す……70（11）
□くちをし……58（9）
□くどく……40（6）
□国譲《くにゆづ》りの日《ひ》……33（5）
□雲烟《くもけぶり》となす……9（1）
□華奢《くわしや》の美《び》……76（12）

け

□経歴《けいれき》す……76（12）
□けしかる法師《ほふし》……21（3）
□げにさてもやあるらむ……45（7）
□眷属《けんぞく》……76（12）
□源太《げんた》が屋形《やかた》……39（6）

こ

□心《ここ》ちもわびし……45（7）
□心憂《こころう》がる……21（3）
□こころざし・心《こころ》ざし……9（1）／58（9）／64（10）
□心《こころ》づから……53（8）
□心《こころ》もとなく……33（5）
□心弱《こころよは》く覚《おぼ》ゆ……15（2）
□言種《ことぐさ》……16（2）
□ことことしさ……39（6）
□ことつけても……53（8）
□事《こと》にもあらず……64（10）
□ことわりかな……40（6）
□ことわりもなく……9（1）
□ことわる……16（2）
□この内《うち》……52（8）
□この世《よ》の外《ほか》になる……45（7）
□恋《こ》ひたまひし人《ひと》……45（7）
□御分《ごぶん》……40（6）

さ

□左右《さう》なく……40（6）
□さこそは……45（7）
□さし出《い》づ……53（8）
□さすがに……53（8）
□さながら……9（1）
□さのみはいかがおはせむ……59（9）
□さびし……65（10）
□侍《さぶらひ》……21（3）
□さぶらふ……58（9）
□さぶらへ……29（4）
□さまで～じ……53（8）
□さもなきつれなさ……45（7）
□さらでも……53（8）
□さらに～ず……70（11）
□さらば……45（7）
□さりとも……40（6）
□さる心地《ここち》……52（8）
□さるべきに……59（9）

□三位殿《さんみどの》などして……53（8）

し

□子孫《しそん》をいぢる……76（12）
□忍《しの》びすごす……59（9）
□しのぶ……46（7）
□情《じやう》が尽《つ》くる……76（12）
□生《しやう》を隔《へだ》つ……9（1）
□しるし……59（9）
□知るよし……58（9）
□しれがまし……21（3）

す

□宿世《すくせ》……65（10）
□誓願《せいぐわん》の助《たす》け……40（6）
□千《せん》の字《じ》の点《てん》を取《と》りのけて……76（12）

そ

□奏《そう》す……33（5）
□そのかみ……53（8）
□その人《ひと》としも……46（7）

た

□たがひつつ歩《あり》く……29（4）
□たづき……76（12）
□たづねきこえたまはず……64（10）
□奉《たてまつ》れたまひ……29（4）
□頼《たの》めし人……15（2）
□尊《たふと》きかたのこと……45（7）
□ためし……9（1）
□袂《たもと》の狭《せば》き……64（10）
□たより……58（9）

つ

□次々《つぎつぎ》に従《したが》ひて……65（10）

て

□殿上《てんじやう》にさぶらふ……28（4）

と

□とう……70（11）
□登時《とうじ》……52（8）
□とかくの沙汰《さた》などす……9（1）
□とかや……16（2）
□時《とき》うつる……39（6）
□とく、とく……53（8）
□年《とし》ごろ……52（8）
□とばかりありて……70（11）
□とぶらふ……40（6）
□遠《とほ》いが花《はな》の香《か》……76（12）
□とみにも……70（11）

な

□中比《なかごろ》……9（1）
□なかなか……40（6）／65（10）
□ながむ……58（9）
□なくなりなばや……45（7）
□嘆《なげ》く色《いろ》……40（6）
□なごり……45（7）
□名残《なごり》に……64（10）
□情《なさ》け……15（2）
□などか～ざらむ……70（11）
□なにかと……45（7）
□何《なに》かは～……58（9）
□何事《なにごと》いふ法師《ほふし》ぞ……21（3）
□何事《なにごと》につけても生《お》ひ出《い》づ……58（9）
□なべての世《よ》うく……64（10）
□なほる……40（6）
□波風《なみかぜ》の荒《あら》き騒《さわ》ぎ……45（7）
□ならふ……65（10）
□難《なん》……70（11）

に

□～におくれまゐらす……53（8）
□憎《にく》さげなる所《ところ》……16（2）
□～にてこそありつらめ……21（3）
□～に似《に》たり……76（12）

ぬ

□布《ぬの》……76（12）

の

□のちまでさぶらひける……29（4）

は

□はかなきほど……64（10）
□（已然形＋）ばにや……52（8）
□浜《はま》のおもて……39（6）
□張《は》り伏《ふ》せ候《さうら》ひぬ……21（3）
□判《はん》ず……70（11）

ひ

□ひがめ……52（8）
□ひきかへて……16（2）
□引《ひ》きそばむ……40（6）
□引《ひ》き放《はな》つ……15（2）
□聖《ひじり》……45（7）
□羊《ひつじ》の歩《あゆ》みなほ近《ちか》く……40（6）
□人《ひと》のほど……58（9）
□人目《ひとめ》まれ……58（9）
□人《ひと》もこそ見《み》れ……40（6）
□日根《ひね》といふこと……29（4）

ふ

□風色《ふうしよく》……76（12）

□ふしぎのこと……21（3）
□不便《ふびん》なるらむ……40（6）
□文《ふみ》……9（1）
□ふる……45（7）
□古《ふる》き女《をんな》ばら……65（10）
□古里《ふるさと》……58（9）

ほ

□仏《ほとけ》……76（12）

ま

□申《まう》させ給《たま》へ……21（3）
□申《まう》しけるに……70（11）
□申《まう》し助《たす》く……40（6）
□まうで来《き》たる……15（2）
□まかる……70（11）
□紛《まぎ》れに……64（10）
□またの年《とし》……28（4）
□待《ま》ち受《う》く……64（10）
□ままならねば……76（12）
□まめやかにも……53（8）
□参《まゐ》り慣《な》る……15（2）

み

□御《み》ぐしおろす……28（4）
□御《み》心《こころ》のありがたさ……52（8）
□御帳《みちやう》……58（9）
□見《み》てやすぎまし……70（11）
□見《み》まほしく……9（1）
□行幸《みゆき》（ぎやうかう）……33（5）
□未練《みれん》……40（6）

む

□むつかしがる……76（12）

め

□めづらかなり……76（12）
□目馴《めな》る……65（10）
□乳母《めのと》だつ人《ひと》……58（9）

も

□懶《ものう》し……76（12）
□物思《ものおも》はしげに……45（7）
□ものす……58（9）
□ものなど習《なら》ふ……15（2）
□もの参《まゐ》らす……53（8）
□物参《ものまゐ》り……45（7）
□ものを構《かま》はねば……76（12）
□門前市《もんぜんいち》をなす……39（6）

や

□やがて……21（3）／28（4）
□焼《や》きはふる……9（1）
□やさし……16（2）
□やすき空《そら》……45（7）
□山《やま》ぶみ……28（4）

ゆ

□ゆかし……53（8）
□ゆかりある人《ひと》……45（7）
□譲《ゆづ》り聞《き》こえさせたまひけるに……33（5）

よ

□世《よ》づく……65（10）
□世《よ》を思《おも》ひ捨《す》つ……53（8）

ら

□らうたし……59（9）

わ

□若《わか》き人々《ひとびと》……58（9）
□わざと……64（10）
□わびしらになる……76（12）
□わりなくして……9（1）
□我《われ》と削《そ》ぎ捨《す》つ……53（8）
□我《われ》は……76（12）

◆漢文

解説中で取り上げた語句・句形を一字目の画数別に再掲した。復習に役立てよう。

二画

□乃《すなはち》……79(1)/94(4)
□又《また》……97(4)

三画

□与《あたふ・あづかる・くみす》…79(1)
□A与レB《AとBと》……79(1)
□与レA〜《Aと[動詞]》…79(1)/95(4)
□才《わづかに》……90(3)
□工《たくみ》……100(5)
□及二〜一《〜におよび(て)》……105(5)
□大凡・凡《およそ》……107(6)
□小人《ショウジン》……107(6)
□已《やむ》……116(7)

四画

□不二敢〜一《あへて[動詞未然形]ず》……79(1)/89(3)
□不レ能レ〜《[動詞連体形](こと)あたはず》……86(2)
□不レ然《しからず》……84(2)
□不二肯〜一《あへて[動詞未然形]ず》……89(3)
□不レ肯レ〜《[動詞連体形]をがへんぜず》89(3)
□不二独〜一《ひとり〜のみならず》…116(7)
□不レ如二〜一《〜にしかず》……119(8)
□勿レ〜《[動詞連体形](こと)なかれ》80(1)
□尤《もつとも》……100(5)
□予《ヨ》……109(6)

五画

□以レA〜《Aをもつて〜》……86(2)
□〜以レA《[述語連体形]にAをもつてす》86(2)
□以レA為レB《AをもつてBとなす》……84(2)/101(5)/119(8)
□以為二〜一《もつて〜となす》……116(7)
□以《もつて》……114(7)
□以為〜《おもへらく〜》……116(7)
□可《[動詞終止形(ラ変動詞連体形)]べし》……95(4)
□令二…〜一《[名詞]をして[動詞未然形]しむ》……97(4)/114(7)
□只《ただ》……97(4)
□左右《サユウ》……105(5)

六画

□妄《みだりに》……80(1)
□如二〜一《〜の[が]ごとし》81(1)/94(4)
□如何《いかん》……97(4)
□安《いづくんぞ》……82(1)
□丞相《ジョウショウ》……86(2)
□自《みづから・おのづから》86(2)/89(3)
□自レ〜《〜より》……89(3)/116(7)
□色《いろ》……91(3)
□亦《また》……91(3)
□各《おのおの》……114(7)
□百姓《ヒャクセイ》……116(7)
□至《いたつて》……121(8)

七画

□何《なんぞ・なにをか・なんの》80(1)/82(1)
□何為《なんすれぞ》……84(2)
□臣《シン》……84(2)
□見《みる・まみゆ・あらはる》……89(3)
□見レ〜《[動詞未然形]る・らる》……89(3)/105(5)
□即《すなはち》……94(4)
□応《こたふ》……94(4)
□但《ただ》……97(4)
□余《ヨ》……109(6)

八画

□所レ〜《[動詞連体形]ところ》80(1)/97(4)
□所レ〜…《[動詞連体形]ところの[名詞]》……97(4)

□若二～一《～の〔が〕ごとし》……81(1)/94(4)/101(5)
□若《もし・なんぢ》……101(5)
□若何《いかん》……97(4)
□於レ是《ここにおいて》……84(2)
□～於…《〔名詞〕に〔動詞未然形〕る・らる》……105(5)
□況B乎《いはんやBをや》……84(2)
□其《その》……94(4)/103(5)
□夜半《ヤハン》……91(3)
□長《チョウず》……105(5)
□奉《ホウず》……105(5)
□卒《つひに》……105(5)
□奈何～《いかんぞ〔述語未然形〕んや》……105(5)
□者《もの》……107(6)
□宜レ～《よろしく〔動詞終止形(ラ変動詞連体形)〕べし》……114(7)
□往往《オウオウ(にして)》……121(8)

九画

□相《ショウ》……86(2)
□便《すなはち》……94(4)
□則《すなはち》……94(4)
□某《ボウ・なにがし・それがし》……97(4)
□為レA《Aとなる・Aとなす・Aたり》……95(4)
□為レA～《Aの〔が〕ため(に)〔動詞〕》……95(4)
□為二…所一レ～《〔名詞〕の〔動詞連体形〕ところとなる》……100(5)/105(5)
□為《なす・なる・つくる・をさむ》……109(6)
□咸《みな》……100(5)
□耶《〔述語連体形〕か・〔述語未然形〕んや》……101(5)

十画

□致《いたす》……81(1)
□将レ～《まさに〔動詞未然形〕んとす》……81(1)/91(3)
□豈《あに》……82(1)
□能～《よく～》……86(2)
□家人《カジン》……89(3)
□被レ～《〔動詞未然形〕る・らる》……100(5)/105(5)

十一画

□欲レ～《〔動詞未然形〕んとほつす》……81(1)/114(7)
□焉《いづくんぞ》……82(1)
□孰《いづれか・たれか》……85(2)
□啓《ケイす・まうす・ひらく》……89(3)
□患《カン・わづらひ》……95(4)
□唯・惟《ただ》……97(4)
□陳《つらぬ・ふるし・のぶ》……114(7)
□転《うたた》……116(7)
□庶《こひねがはくは》……121(8)

十二画

□然《しかれども・しかり》……84(2)
□遂《つひに》……81(1)/91(3)/94(4)
□無レ恙《つつがなし》……105(5)/107(6)
□備《つぶさに》……100(5)

十三画

□意《イ》……86(2)/108(6)
□遣《つかはす・やる》……107(6)
□歳《とし》……109(6)
□蓋《けだし》……116(7)

十四画

□輒《すなはち》……94(4)
□誰《たれか・たれをか・たが》……82(1)

十六画

□謂《いふ・おもふ・おもへらく》……101(5)

十七画

□雖二～一《～といへども》……80(1)
□謝《シャす》……97(4)

十九画

□願《ねがはくは》……84(2)

国公立標準問題集《こっこうりつひょうじゅんもんだいしゅう》 CanPass 古典《こてん》

著　　者　白《しら》鳥《とり》永《なが》興《おき》
　　　　　福《ふく》田《だ》忍《しのぶ》
発 行 者　山﨑良子
印刷・製本　株式会社日本制作センター

発　行　所　　駿台文庫株式会社
〒101－0062　東京都千代田区神田駿河台1－7－4
小畑ビル内
TEL. 編集 03(5259)3302
販売 03(5259)3301
《⑤－200pp.》

©Nagaoki Shiratori, Shinobu Fukuda 2013

落丁・乱丁がございましたら，送料小社負担にて
お取替えいたします。

ISBN978－4－7961－1504－9　Printed in Japan

駿台文庫 Web サイト
https://www.sundaibunko.jp

駿台受験シリーズ

国公立標準問題集
CanPass
古典

解答用紙

駿台文庫

問一

①

②

問二

問三

問四

得点 30点

問一
a
b
c
d

問二
(1)
(2)

問三
①
②

問四

得点 /45点

問五

A

B

問六

(1)

(2)

問七

問一

問二

問三

(1)

(2)

問四

問五

問六

得点 ／30点

問一 ① ②

問二 ア ウ

問三 1 2

問四 「て」の活用形 助動詞 活用形

問五 (1) (2)

得点 30点

問一

ア

イ

問二

問三

問四

ア

A

B

イ

得点 / 30点

問一

問二

問三

③

⑨

問四

得点 40点

問五

⑤

⑥

⑦

問六

問七

問一

問二
①
②

問三

問四

問五
①
②

得点 ／30点

問一

A から

B から

C から

D から

問二

①

②

③

④

問三

問四

技巧

問五

得点 / 50点

問六

4

5

問七

問八

問一
①
②
③
④

問二
(1)
(2)

問三

問四

問五

得点
30点

問一 (I) (II)

問二 ① ② ③ ④

問三 (a) (b) (c) (d)

問四

問五

問六

得点 /40点

問一

a

b

c

d

問二

問三

問四

問五

問六

問七

得点

40点

問一

問二

(2)

(3)

問三

問四

(a)

(b)

得点 ／30点

問一

問二

問三

問四

問五

得点 /30点

問一

①

②

③

問二

問三

問四

得点 / 30点

問一

問二

問三

得点　／30点

問一
助字

理由

問二

問三

問四

問五

得点 30点

問一

a

b

c

問二

問三

問四

問五

(1)

或勧周謁貴遊以免

(2)

問六

問七

得点 ／30点

問一
(a)
(b)
(c)

問二

問三

問四
廷臣無出其右者

問五

得点
30点

問一

問二

問三

問四

（イ）

（ロ）

得点　/30点

問一

問二

我不如陶生

問三

ア

イ

ウ

問四

得点 /30点

⑤ 20191231